LE POULPE

CRÈVE DE PLAISANTERIE

LE POULPE

Jean-Bernard Pouy	*La petite écuyère a cafté*
Serge Quadruppani	*Saigne sur mer*
Patrick Raynal	*Arrêtez le carrelage*
Didier Daeninckx	*Nazis dans le métro*
Noël Simsolo	*Un travelo nommé désir*
Franck Pavloff	*Un trou dans la zone*
Paul Vecchiali	*La pieuvre par neuf*
Jean-Jacques Reboux	*La cerise sur le gâteux*
Claude Mesplède	*Le cantique des cantines*
Pascal Dessaint	*Les pis rennais*
Olivier Thiébaut	*Les pieds de la dame aux clebs*
Gérard Delteil	*Chili incarné*
Roger Martin	*Le G.A.L., l'égout*
Jean-Christophe Pinpin	*Les gens bons bâillonnés*
Bertrand Delcour	*Les sectes mercenaires*
Hervé Prudon	*Ouarzazate et mourir*
Guillaume Nicloux	*Le saint des seins*
Roger Dadoun	*Allah recherche l'autan perdu*
Pascale Fonteneau	*Les damnés de l'artère*
Sylvie Granotier	*Comme un coq en plâtre*
Romain Goupil	*Lundi, c'est sodomie*
Olivier Douyère	*Bunker Menteur*
François Joly	*Chicagone*
Michel Chevron	*J'irai faire Kafka sur vos tombes*
Mano Gentil	*Boucher double*
Mouloud Akkouche	*Causse toujours !*
Serge Meynard	*Lapin dixit*
Chantal Pelletier	*Lavande tuera*
Michel Cardoze	*Du hachis à Parmentier*
Jacques Vallet	*L'amour tarde à Dijon*
Gérard Lefort	*Vomi soit qui malle y pense*
Yannick Bourg	*Les potes de la perception*
Aïdé Caillot	*Le Karma saut'ra*
Alain Puiseux	*Je repars à Zorro*
Alain Bellet	*Danse avec Loulou*
Cesare Battisti	*J'aurai ta Pau*
Lucio Mad	*Dakar en barre*
Stéphanie Benson	*Crève de plaisanterie*

ISBN : 2-84219-059-9
ISSN : 1265-986X

LE POULPE

stéphanie benson

CRÈVE DE PLAISANTERIE

LE POULPE
ÉDITIONS BALEINE

Du même auteur :

Une chauve-souris dans le grenier, L'Atalante, 1995
Un singe sur le dos, L'Atalante, 1996
Le loup dans la lune bleue, L'Atalante, 1997

Pour Didier, Lisa, Florian et Marion

Merci à Franck et à Dédé

« Cette humanité qu'a mûrie la femme
dans la douleur et dans l'humiliation
verra le jour quand la femme aura fait
tomber les chaînes de sa condition sociale. »

Rainer Maria Rilke
Lettres à un jeune poète
(traduction de Bernard Grasset
et Rainer Biemel)

1

L'erreur avait été de courir. Elle se serait éloignée de manière nonchalante, comme si de rien n'était, le regard flou et les épaules souples, les autres ne l'auraient même pas remarquée. Mais ce qu'elle venait d'entendre avait semblé tellement incroyable, tellement important qu'elle avait eu peur, ses jambes l'avaient trahie et à présent, c'était trop tard. Trop tard pour faire l'innocente, en tout cas. Il fallait trouver de l'aide ; une aide conséquente et facile d'accès, et dans l'un des départements les moins peuplés de la France à dix heures du soir, on avait autant de chances de tomber sur une âme compatissante que sur le pape. Avec un léger avantage pour le polonais.

Fanny risqua un coup d'œil par-dessus son épaule et la mobylette vacilla. Ils s'étaient rapprochés. Normal. Même sur les chemins boueux et caillouteux du causse de Saint-Sauveur, une Mercedes restait plus rapide qu'une meule. Les pleins phares soulignaient les feuilles des chênes d'un filet d'argent, Fanny se mit à paniquer.

Elle ne s'en sortirait pas comme ça ; il fallait trouver des gens pour l'aider ou alors couper à travers bois, perspective qui ne l'enchantait guère étant donné les rochers, cailloux, racines et branches en tout genre qui ne seraient là que pour la piéger.

Elle tenta de réfléchir, de se rappeler qui parmi les amis de sa mère pourrait bien habiter par là, mais aucun nom ne lui vint en tête. Elle était loin de ses sentiers battus, loin des chemins qu'elle connaissait par cœur, était partie sur un coup de panique vers le premier chemin de terre qui se présentait. Elle était loin de ses points de repère qui gravitaient autour de Saint-Sauveur comme des planètes autour d'un soleil. Drôle de soleil. Drôle de lumière pour éclabousser de drôles de mondes. En ville, on n'avait pas ce genre de problème, les gens étaient plus habitués à vivre ensemble, à s'arranger de la proximité de l'autre. En ville, on s'ignorait, on ne se parlait même plus... Mais avec ce qu'elle venait d'apprendre, on allait se parler tout autour de Saint-Sauveur. On allait probablement crier, qui à l'ignorance, qui au scandale, mais n'importe quelle communication était préférable au silence de mort qui régnait depuis plusieurs semaines.

Si seulement elle arrivait à les semer.

Parce que sinon...

La Mercedes s'était encore rapprochée, elle entendait le bruit du moteur par-dessus celui de la mob, mais son cerveau refusait de réagir. Fuir. Rouler. Tenir la poignée grand ouvert et oublier tout le reste. D'ailleurs, elle ne savait même plus où elle se trouvait, le chemin se rétrécissait...

elle allait se retrouver coincée dans un champ entouré de murets de pierre…

Fanny sentit un choc à l'arrière de son casque, entendit une explosion et faillit perdre le contrôle de la mob. Ils n'allaient quand même pas lui tirer dessus ? Elle sentit son cœur s'emballer et se raisonna : ce n'était que du gravier projeté par la roue de la mobylette. *Sur un chemin sans gravier et de l'arrière vers l'avant ?* Le choc se renouvela, Fanny mit un pied à terre pour se stabiliser, la roue avant heurta un rocher qui sortait du sol et l'ensemble adolescente-mobylette se désintégra dans un fracas motorisé.

Fanny se releva aussitôt, se mit à courir pour s'éloigner de la lumière, gravit un monticule de pierres, tomba, s'érafla, se remit debout et vit au loin, une lumière. Jaune, carrée, une fenêtre de maison.

Elle en sanglota presque de soulagement. Peu lui importait à présent que le propriétaire de la maison soit un ami de sa mère ou un agriculteur bourru, l'essentiel était de trouver quelqu'un, un étranger, un témoin…

Les hautes herbes du champ fouettaient ses jambes nues, pour une fois qu'elle mettait une jupe… Elle avait mal aux poumons, mal au ventre, le prof d'EPS aurait bien rigolé, lui qui disait qu'un jour elle regretterait son manque d'intérêt pour tout ce qui s'approchait de près ou de loin à une pratique sportive. Elle les entendait derrière, furieux de devoir quitter le luxe cuir de leur voiture. Peut-être laisseraient-ils tomber… Elle n'avait pas la foulée d'une Marie-Josée

Pérec, certes, mais elle était bien plus jeune qu'eux.

Puis Fanny entendit une nouvelle détonation et oublia de respirer. Ils lui tiraient dessus, pour de vrai, le son n'avait rien à voir avec un bruit de gravier, c'était un bruit fort, un bruit de haine. Fanny se concentra sur ce bruit qui se répéta, baissa la tête au niveau des épis verts et continua à courir. Vers la fenêtre jaune.

Les autres ne l'appelaient pas, et ça l'inquiétait plus que tout le reste. Ils ne voulaient pas parler, ne voulaient même pas savoir ce qu'elle avait entendu ou compris, ils étaient simplement venus l'éliminer. La tuer.

Fanny sentit une grosse boule se former pour lui bloquer la gorge et continua à courir malgré tout, en apnée. Le grand bleu. La maison n'était plus qu'à quelques pas, la sortie du tunnel. À bout de souffle, elle tambourina sur la porte, son cœur battit le même rythme, les larmes montèrent, débordèrent.

– Monsieur ! Madame ! Au secours ! Ouvrez-moi, s'il vous plaît !

Sa main trouva la poignée de la porte et elle appuya dessus.

La porte s'ouvre. La bouche de Fanny aussi, qui en oublie sa peur pendant une seconde de stupéfaction. Une toute petite seconde. Le temps qu'il lui reste à vivre.

* * *

Il pleuvait sur Paris, quelqu'un y déversait seau sur seau d'une flotte à ne pas regarder de trop près. Ceux qui circulaient en voiture avaient l'impression de se trouver sous un appareil de lavage automatique. Sans les brosses. Ceux qui ne circulaient pas en voiture le regrettaient. Amèrement. À choisir entre une heure de bouchon et dix minutes de douche froide, sale et certainement acide... Paris regardait ses pieds, Paris fonçait, tête baissée, en pensant aux vacances au bord de la mer. Paris allait tout droit vers une dépression collective.

Au Pied de Porc à la Sainte-Scolasse, avenue Ledru-Rollin, on n'échappait pas à la morosité générale. Le silence y régnait en maître absolu uniquement dérangé par la pluie qui frappait sur la vitre sans toutefois parvenir à forcer l'entrée. Derrière le comptoir, un grand type que le ventre et la moustache débordants désignaient comme frère corporel sinon spirituel de Jean-Pierre Marielle, moins l'accent. Ses mains essuyaient un verre, le même depuis dix minutes, ses yeux ne regardaient rien de particulier, ses lèvres remuaient à peine, comme en conversation intime avec un interlocuteur invisible. C'était Gérard, le patron du restaurant-bar, maître incontesté du Pied de Porc à la Sainte-Scolasse, endroit et plat du jour uniques. Devant le zinc, quelques habitués sirotaient en silence qui un café, qui un blanc sec, qui un demi. Personne ne parlait, personne ne se regardait, l'orage se préparait au loin et tous attendaient en silence le premier coup de tonnerre.

Les nuages, lourds de menace, tournaient lentement autour de la salle et s'accumulaient comme des œufs brouillés au-dessus de la tête du seul client assis devant une petite table vernie près de la vitrine.

Le client, un grand type brun d'environ trente-cinq ans était drapé sur une chaise en plastique et s'égouttait lentement sur le sol. Il touillait un café posé devant lui comme si le geste allait suffire à calmer la tempête en préparation, tandis qu'une petite femme brune papillonnait autour, essuyait des tables déjà propres, jetait des coups d'œil inquiets de part et d'autre.

– Putain, c'est pas vrai ! gronda Gérard tout d'un coup et tous, sauf le client solitaire, sursautèrent. Un type, on le côtoie pendant des années, on partage des blagues avec lui, on lui sert ses meilleures bières, on croit le connaître, on ose même prétendre à une sorte d'amitié, de complicité… et voilà. Un beau jour, on se rend compte que pour lui, on ne compte pas plus que sa première paire de lacets !

Gérard poussa un énorme soupir aussitôt imité par Léon, le berger allemand parano, affalé au pied du client solitaire.

Gérard posa son verre, fit claquer son torchon, puis reprit le verre et se remit à l'astiquer.

– C'est pourtant pas souvent que je me trompe dans les histoires d'amitié. En général, j'ai le nez, je les sens venir, les types pas clairs, les profiteurs, tous ces petits merdeux qu'on rencontre forcément un jour ou l'autre dans ce métier.

Les clients assis au zinc baissèrent le nez d'un degré de plus. Le professeur, un homme distingué aux cheveux plus blancs que blanc étudiait le socle de son tabouret.

– Eh bien, voilà ! tonna Gérard, et la main munie du torchon s'envola dans un geste large pour se pointer, tel un drapeau conquérant qui condamne l'ennemi vaincu, en direction du client qui tournait encore et toujours la cuillère en inox dans l'expresso du matin.

– Gabriel Lecouvreur ! hurla Gérard, de plus en plus excédé. Dit le Poulpe ! L'homme que je croyais être mon ami ! Je vous le présente en chair et en os ! Ou plutôt en cartilage et en ventouses.

– Gérard, tu nous les brises, murmura l'objet de tant de déceptions.

Léon soupira de nouveau et les autres clients l'imitèrent avec soulagement puis s'installèrent confortablement pour admirer voler les éclairs.

– Parce que tu crois que tu ne nous les brises pas, toi, avec tes airs de monsieur-qui-sait-tout ? Avec ta gueule de celui-qui-a-tout-compris ? Qui n'a même plus besoin d'aller se renseigner sur place ? Qui, avec son cerveau supérieur, analyse, raisonne et condamne, le tout à partir d'une chaise de bistrot, et qui se permet de qualifier de ridicules, oui, monsieur, RIDICULES, les thèses de ses anciens complices !

Léon se mit à grogner, en croyant que le patron en avait après lui, et un long bras se déroula pour lui caresser la tête.

– C'est ça ! Tu vas même monter mon chien

contre moi, maintenant que tu as réussi à m'humilier en public, à me retirer le peu d'estime dont je jouissais auprès de mes habitués !

– T'es aussi parano que ton clebs, constata le Poulpe sans lever le regard.

– Et toi, *monsieur*, t'as pris la grosse tête à force d'allonger tes tentacules, répondit le patron aussitôt. Monsieur ne travaille désormais que sur des affaires de renommée *internationale*. Monsieur ne gaspillera plus son cerveau brillant pour le petit peuple !

– Ta gueule, Gérard ! Je suis fatigué, je te l'ai dit. Je ne suis rentré que cette nuit, j'ai mal partout, j'ai besoin de dormir, de me soigner les bleus et, de toute façon, ton affaire du siècle, c'est du tout vu.

– Et voilà !

Gérard se tapa dans les mains et le résultat ressembla à une explosion de fusible géant chauffé à blanc.

– Qu'est-ce que je vous disais ? Votre affaire, *c'est du tout vu !* Vous entendez ça, professeur ?

Il se pencha en avant, sans lâcher le verre.

– Alors, Einstein-Lupin-Holmes, éblouissez-nous ! C'est qui, le coupable ?

Le Poulpe haussa les épaules.

– Un cinglé du cru. Un bouseux devenu fou furieux à force de regarder les nichons de Lova Moor à la téloche. Même les gendarmes sont capables de le retrouver, celui-là. C'est triste, je te l'accorde, mais c'est clair comme de l'eau de roche.

– Parce que les bouseux cinglés et fous de

Lova Moor maquillent leurs meurtres sexuels en suicide maintenant ?

– Gérard, dit le Poulpe d'une voix parvenue au bout de la patience. Ce serait possible que je boive mon café et que je mange mon croissant en paix ? J'ai rendez-vous avec Cheryl dans cinq minutes et je ne voudrais pas qu'elle me découvre baveux de croissant-crème.

– De toute manière, elle te découvrira baveux d'indifférence, insista Gérard. Tu me déçois beaucoup, monsieur Lecouvreur, et je ne pensais jamais dire ça de toi.

Le Poulpe trempa un bout de croissant dans la tasse presque froide à présent et le grignota du bout des dents. Gérard lui avait coupé l'appétit.

Le silence retomba, la pluie aussi. L'orage recula pour mieux éclater... et tout d'un coup, ce fut le soleil : grand, jaune et éblouissant de lumière.

Cheryl.

Même Léon parvint à sourire en la voyant entrer : un sourire mi-embarrassé, mi-amoureux, et sa langue s'étira sur dix centimètres supplémentaires.

– Cheryl ! hurla Gérard en ouvrant les bras. Notre dernière chance ! Maintenant, toi seule peux sauver de l'ignominie la plus complète l'espèce de mollusque que voilà.

Cheryl sourit, nouveau rayon scintillant.

– Bonjour tout le monde ! Bonjour Maria, bonjour Léon.

Le chien se roula sur le dos dans une pose parfaitement obscène.

– Bonjour Gabriel. T'as encore réussi à énerver Gérard ? Allez, dis-lui qu'il a raison, ça lui fait toujours plaisir.

Gabriel murmura quelque chose d'incompréhensible qui ressembla cependant fort à : «Qu'il aille se faire foutre». Mais Gérard n'avait pas encore déposé les armes.

– Viens par ici, ma petite Cheryl, qu'est-ce que je t'offre ? Ton homme, là, je ne lui propose rien, vu que mes propositions, c'est des conneries, mais je peux encore offrir à boire à la plus belle coiffeuse de Paris !

– T'oublies Vidal Sassoon, maugréa le Poulpe.

Que Gérard ignora.

– Regarde-moi ça, continua Gérard en dépliant devant une Cheryl hilare *le Parisien* du jour. Lisez-lui l'article, professeur, vous qui lisez si bien !

Cheryl posa un bout de fesse juste comme il faut sur le tabouret en acier chromé ce qui provoqua un déhanchement mettant en valeur chaque courbe savamment entretenue d'un corps à faire grincer les dents à plus d'une.

Le professeur apprécia en amateur revenu de la passion, et s'éclaircit la gorge.

– Hem ! Voilà. Alors le titre, c'est : *«Drame tragique de la grange qui brûle.»*

– Attendez ! intima Gérard, la main levée. C'est ta dernière chance, Gabriel. Plus rien à ajouter ?

Le Poulpe regarda le plafond. Léon bâilla.

– Très bien, tu l'auras voulu. Allez-y, professeur !

– *«Après l'incendie apparemment volontaire d'une grange isolée dans la campagne lotoise, la gendarmerie, accourue sur les lieux, a fait la macabre découverte du cadavre d'une jeune fille disparue la veille au soir. Un pistolet retrouvé à proximité du corps de l'adolescente oriente les enquêteurs vers la thèse du suicide. Le coup de feu, malheureux aurait en même temps embrasé le foin dont la grange servait de lieu de stockage. Cependant, suite à l'autopsie, des doutes ont été émis concernant cette première thèse et les gendarmes du Lot enquêtent également sur la disparition d'un jeune marginal, locataire d'une maison non loin de la grange.»*

– Voilà ! s'exclama Gérard, triomphant, lorsque le professeur se tut. Tu as bien entendu. Et tu sais ce qu'il nous sert comme soupe de poisson, ton octo-dégénéré ? Que c'est un crime sexuel perpétré par un cinglé du coin, fou amoureux de Lova Moor ! Et en plus, il est sérieux !

Cheryl regarda le Poulpe. Il soupira :

– Il n'est pas sérieux, il est sérieusement épuisé. Mais l'abruti derrière le comptoir fait semblant de ne pas le comprendre.

– L'abruti derrière le comptoir ne croit pas aux meurtres de psychopathes maquillés en suicide, répondit Gérard en s'adressant à Cheryl. Toi, beauté, tu sais bien que les femmes ne se suicident jamais avec des armes à feu. C'est freudien, non ?

– Vous voulez vraiment entendre mon avis, s'enquit Cheryl, ou vous préférez vous insulter comme ça pendant quelques heures encore ?

Parce que je n'ai pas toute la journée, moi : une permanente à onze heures, une autre avec mèches à midi.

Gérard fit une décoloration rapide et passa de rouge brique à rose saumon. Maria, la femme du patron, s'assit en face du Poulpe et murmura :

– C'est qu'elle travaille, la petite !

Gabriel décrivit une espèce de parallélogramme étendu, plia ses bras derrière sa nuque et sollicita :

– Cessez-le-feu pendant dix minutes, faites entrer les négociateurs. Gérard, lève ton drapeau blanc, sinon je tire.

Gérard rassembla tout le mépris dont il était capable, le cala au fond de son regard en attente d'une reprise des combats, et sourit à Cheryl.

– Alors, ma grande. Dis-lui d'y aller !

Cheryl rit et la pluie s'enfuit en courant.

– Pour quoi faire ? Puisqu'il a tout compris sans bouger d'ici ! On n'a qu'à attendre la suite de l'enquête, on verra bien s'il a raison ou pas.

– Et s'il se trompe, l'éminent Poulpe ? Ou si les gendarmes foirent toute l'histoire en arrêtant un innocent ?

– L'éminent Poulpe, intervint Gabriel, dans ce cas aurait tout le temps d'aller voir sur place dans quelques jours, quand il aura eu le temps de bien profiter du repos du guerrier.

L'éminent Poulpe, à cet instant, leva un sourcil d'invitation à peine voilée en direction de Cheryl. Qui, devant une allusion aussi ouverte que publique, se referma. Huître, coquille Saint-Jacques, c'est comme vous voulez.

– Après tout, murmura-t-elle, songeuse. Ce n'est qu'une petite paysanne qui a eu la mauvaise idée de rendre visite à sa grand-mère.

– Quoi ?

– Petit chaperon rouge.

Le Poulpe se leva.

– N'essayez pas de me culpabiliser tous autant que vous êtes, je ne marche pas à ce carburant-là. Je vais dormir, je vous prie de m'excuser, Cheryl, tu finis à quelle heure parce que j'aurais bien profité de ton lit pour la journée, ça m'éviterait de chercher un hôtel.

Le regard de Cheryl avait quelque chose de lointain. Quelque chose de pas-comme-d'habitude. Même son sourire n'avait pas le même éclat.

– Je n'en sais rien, dit-elle d'une voix où passait le vent. Et l'appartement, c'est un vrai souk. Téléphone-moi tout à l'heure, mais je risque de ne pas être libre.

Ce fut alors le Poulpe le plus déçu de l'histoire, genre gant de toilette mouillé dans la culotte, mais même un Poulpe a sa fierté de Poulpe, et il n'allait certainement pas montrer sa déception devant Gérard.

– Je constate, affirma-t-il d'un ton théâtral, que l'ingratitude féminine est toujours de mise !

Puis il sortit du bar dans un nuage d'imper mouillé et d'œufs brouillés humides.

– Je crois que vous lui avez vexé, dit Vlad le cuisinier en passant la tête par la porte de son monde à lui.

Gérard eut un geste grand seigneur.

– Et voilà ! Si on ne peut même plus plaisanter entre amis !

– Pas vous, patron. Vous, le Poulpe, il s'en fout ! C'est la dame qui lui a vexé.

Gérard se retourna pour avoir l'avis de Cheryl et la trouva disparue. Ainsi que le journal.

– Tu vas voir, Léon, murmura Gérard. La beauté va le travailler au corps cette nuit, et demain, le Poulpe ira nager dans les eaux boueuses du Lot. Crois-en mon intuition. Et regarde-moi quand je te parle !

Léon s'étira, bâilla et se dirigea vers la cuisine.

La journée s'annonçait mal.

Cheryl s'éloigna sous la pluie, ou plutôt sous un parapluie rose à frou-frous qui, lui, s'éloignait sous la pluie. Elle était pensive. Inquiète, même. Cette histoire d'adolescente suicidée dans une grange ne lui disait rien qui vaille et le grand Gabriel avait l'air, effectivement, au bout du rouleau.

Elle aurait pu, comme le pensait Gérard, le travailler au corps : bain chaud et massage aux huiles essentielles pour le remettre sur pied, et persuasions toutes féminines pour le renvoyer au front, mais quelque chose lui disait déjà qu'elle ne le ferait pas.

Elle regagna le salon de coiffure, curieusement consciente des regards approbateurs qui se retournaient sur son passage. Les filles n'étaient pas encore arrivées, des stagiaires qui venaient terminer leur formation dans son salon.

La première cliente non plus. Cheryl en profita pour avoir un petit tête-à-tête avec la dernière glace à gauche en entrant, celle dont un présentoir de soins capillaires cachait le reflet de la rue.

– Ma petite Cheryl, dit-elle en déboutonnant son imperméable rose. Ce dont tu as besoin, c'est d'un changement d'air. Mais également d'un changement d'environnement masculin. Te sentir admirée, appréciée, désirée et, surtout, utile. Il te faut une petite preuve concrète de tes pouvoirs de séduction physiques et intellectuels parce que le père Poulpe commence à te confondre avec les poupées Barbie qui semblent tant t'avoir marquée niveau décoration intérieure. Et, par-dessus tout, tu as besoin de savoir si une gamine de quatorze ans s'est réellement tiré une balle dans la tête.

Elle sortit *le Parisien*, humide, de la poche de l'imperméable plastique et relut l'article. Aucun nom, aucune adresse, juste un village lotois dont elle n'avait jamais entendu parler… et un petit frisson tout au fond du ventre.

La porte du salon s'ouvrit et Claudine entra en courant, accompagnée d'une rafale de vent et de dix mètres cubes d'eau de pluie.

– Ça ne va pas, Cheryl ? Vous avez l'air toute chose !

Cheryl soupira.

– Qu'est-ce qu'on a prévu pour aujourd'hui ?

Rapide consultation du cahier de rendez-vous, rose, lui aussi.

– Deux permanentes, une avec mèches, deux

brushing, une coupe enfant et une couleur mi-long. Plus madame Oliver.

– Plus les sans rendez-vous, les urgences et les rafraîchissements qui ne prendront que trois minutes et qui durent une heure. Enfin, vous croyez pouvoir tenir la boutique, Adeline et vous ?

Claudine eut l'air étonné. La patronne ne devait vraiment pas se sentir bien. C'était la première fois depuis le début de leur stage qu'elle leur confiait le salon, même une heure.

– Bien sûr. Après tout, on n'est plus qu'à un mois du CAP, et il n'y a aucune coupe compliquée prévue.

– J'ai besoin de m'absenter un jour ou deux, expliqua Cheryl d'une voix qui l'était déjà. Si des gens appellent, je suis chez mes parents, problème familial. Je serai sans doute revenue avant le week-end.

– Bien sûr, répéta Claudine, un peu perdue.

Cheryl lui tendit un trousseau de clefs et, les yeux verts, qui la faisaient effectivement ressembler à une poupée, écarquillés et rêveurs, elle monta chez elle.

Claudine s'étira, bâilla, et accrocha son manteau aux toilettes. La journée s'annonçait mal.

2

Cheryl monta rapidement vers le trois-pièces qu'elle occupait au-dessus du salon de coiffure et pratiqua une rapide transformation : délaissés, le maquillage et le chignon vite-fait-qui-en-fait-de-mande-des-heures-de-mise-en-place ; troqués, les talons hauts, contre une paire de chaussures de randonnée et le Levi's blanc contre un vieux jean passe-partout. Elle laissa également dans le placard (avec un soupir de regret) le parapluie à frou-frous et l'imperméable plastique, ressortit son vieux duffel-coat d'écolière, qui nourrissait les mites depuis un certain nombre d'années, et remplit un petit sac à dos de choses indispensables pour ce genre d'escapade : un bloc sténo et des stylos-billes, une petite bombe lacrymogène, trois rouges à lèvres, une trousse de maquillage de théâtre, deux shampooings colorants, des vêtements de rechange et une très bonne imitation colt 357 Magnum achetée trois ans auparavant à Portobello Road Market à Londres et dont l'effet dissuasif lui apportait un certain réconfort... ainsi que quelques petits étuis en caoutchouc, au cas où...

Puis Cheryl s'approcha de la table de nuit, hésita un moment, et finalement se saisit de *Lettres à un jeune poète* de Rainer Maria Rilke, petit livre qu'elle fourra également dans le sac à dos. Ensuite, seulement, elle décrocha le téléphone.

– Maman ? C'est Cheryl ! Écoute, je pars

quelques jours et je n'ai pas envie que ça se sache, alors j'ai pensé à vous pour la couverture, ça ne te dérange pas ? Mais non, je ne veux pas prendre mon duvet ! Une couverture, c'est des gens qui disent que quelqu'un est là quand il ne l'est pas ! C'est un alibi ? Mais pour avoir besoin d'un alibi, il faut déjà qu'on t'accuse d'un crime, non ? Enfin, bref, si on vous appelle, vous dites que je suis au lit ; grippe intestinale ou quelque chose dans le genre. Je vous rappellerai ! Où je vais ? Mais, maman, si je te le dis, je n'aurais plus besoin de couverture ! Tu sais très bien que t'es incapable de garder un secret. Allez, je vous embrasse ! Mais oui, les filles s'occuperont du salon, elles font ça très bien. Gabriel ? Il va très bien, maman, mais il a un peu trop tendance à se prendre pour le propriétaire-récoltant en ce moment, si tu vois ce que je veux dire. Se marier ? Mais où est-ce que tu vas chercher des idées pareilles ? À bientôt maman ! Bisous à papa !

Elle raccrocha, un peu essoufflée.

Cheryl jeta un dernier regard autour de l'appartement, fit un signe attendri en direction de ses peluches, et sortit en fermant la porte à clef. Comme pour bien séparer le passé de l'avenir, ou du moins des quelques jours à suivre.

Ce fut d'humeur pensive, malgré la pluie, qu'elle héla un taxi pour se faire conduire à la gare d'Austerlitz. Ce fut d'humeur rêveuse qu'elle fit l'achat d'un aller-retour Paris-Cahors ainsi qu'une carte IGN des environs de Saint-Sauveur et plusieurs cartes de visite fabriquées en cinq minutes par une machine fort serviable qui lui souhaita une agréable journée en fin de transaction. Mais dès qu'elle fut installée dans le compartiment du train qui ne tarda pas à quitter la gare et Paris, Cheryl se mit à sourire. Son intuition lui disait haut et fort qu'elle n'allait pas regretter de s'être pour une fois substituée au Poulpe et que, quoi qu'il advienne de son enquête, elle allait au moins s'éloigner de la pluie.

Elle ouvrit le livre de Rilke, histoire de vérifier les bons auspices du voyage, et lut :

«...s'il y est des dangers, nous devons nous efforcer de les aimer. (...) Comment oublier ces mythes antiques que l'on trouve au début de l'histoire de tous les peuples ; les mythes de ces dragons qui, à la minute suprême, se changent en princesses ? Tous les dragons de notre vie sont peut-être des princesses qui attendent de nous voir beaux et courageux.»

La pluie, en effet, cessa à Limoges, et Cheryl arriva à Cahors à six heures du soir sous un radieux soleil de printemps.

Une bande de punks devant la fontaine haussa les épaules à l'unisson devant le nom de Saint-Sauveur et elle retourna dans le hall de la gare s'adresser au seul guichet encore ouvert.

– Eh bien, vous êtes mal barrée ! Le dernier bus est parti voilà trois minutes et il n'y en aura plus avant demain matin.

– Et c'est très loin d'ici ?

– À pied ? Vingt-cinq kilomètres au bas mot, et que des petites routes ! Et sans vouloir vous vexer, vous n'avez pas vraiment la carrure d'un marathonien !

Cheryl le gratifia de son meilleur sourire arctique et demanda :

– Quelle direction ?

– À gauche après le pont, dit l'homme en secouant les morceaux de glace de sa barbe.

Deux kilomètres plus tard, juste après le panneau sortie de la ville de Cahors, Cheryl décida que vingt-trois bornes à pied n'étaient pas si agréables que ça, malgré le soleil et des chaussures de randonnée. Elle s'arrêta, posa son sac sur le sol, se mit face à la circulation et tendit le pouce.

Une voiture s'arrêta aussitôt et Cheryl, tout en remerciant mère, père, aïeuls et tous ceux qui, malgré eux, avaient contribué à la faire telle qu'elle était, monta à bord.

Ce n'était pas, à vrai dire, une voiture, mais un bus VW conduit par un homme (tiens !) d'une quarantaine d'années, châtain aux longs cheveux bouclés et au regard dragueur. Yeux gris. Cheryl sourit intérieurement. Les choses s'annonçaient plutôt bien !

– Je voudrais aller à Saint-Sauveur, cria-t-elle pour couvrir le bruit d'un camion qui attendait qu'ils redémarrent.

– Ça tombe bien, c'est là où je vais !

Sourire carnassier.

Cheryl se laissa aller contre la banquette.

– Je m'appelle Carole, dit-elle.

– Moi, c'est Robin. Enchanté de te connaître, Carole.

Petit silence, puis :

– Alors raconte-moi ce qu'une aussi belle fille vient faire dans un trou perdu comme Saint-Sauveur.

– Parce que vous connaissez bien l'endroit ? demanda Cheryl en ignorant le compliment un peu forcé.

– Évidemment. C'est là que j'habite.

– Ça alors, fit Cheryl en applaudissant. J'ai vraiment une veine de... c'est comment qu'on dit, pour les femmes ?

Robin sourit.

– Aucune idée. Et puis, ces histoires de fidélité, c'est plus du tout à la mode, même si les cathos ont sauté sur le sida pour nous faire revenir dans le droit chemin. Mais dis-moi pourquoi le fait que j'habite à Saint-Sauveur te ravit à ce point.

Cheryl fouilla dans son sac et brandit une de ses cartes de visite fabriquées devant la gare d'Austerlitz. Robin lâcha le volant d'une main, cilla les yeux devant le rectangle blanc et avoua :

– Je vois que dalle sans mes lunettes. Totalement bigleux, je suis. C'est quoi ?

– C'est moi. Je suis sociologue. Enfin, je prépare une thèse de sociologie sur l'exode rural et le retour à la campagne des néo-ruraux. Vous n'êtes pas né ici, du moins ?

– Pas du tout, madame. Je suis né à Paris, comme tout le monde. J'entre donc tout à fait dans le sujet de la thèse. On pourrait se tutoyer, pour fêter ça.

– Et tu fais quoi ici, à la campagne, je veux dire ? demanda Cheryl avant de s'interrompre aussitôt en s'écriant : mais, je suis stupide ! Tu n'as peut-être pas du tout envie de participer à mon enquête. Et puis, ce n'est pas non plus l'endroit idéal pour prendre des notes. Enfin, si ça t'intéresse, on pourrait en discuter une autre fois. Demain, par exemple. Ou après-demain.

Robin la regarda.

Sourire requin.

– D'abord, pour arriver au DESS de socio, il faut être autre chose que stupide. Deuxièmement, je serais très heureux de participer à ton enquête. Et tertio, où est-ce que tu comptes dormir à Saint-Sauveur ?

Cheryl haussa les épaules.

– À vrai dire, je n'y ai pas encore pensé. Je ne me suis décidée à partir que ce matin, il faisait un tel temps de chiotte à Paris.

– Alors, je te rassure tout de suite, tu peux dormir chez moi.

Il leva une main, panneau stop.

– En tout bien tout honneur, évidemment. J'ai une cabane à côté de la maison, tout confort et complètement autonome. Et vide. Il n'y manque que toi.

Cheryl tenta de protester, Robin l'arrêta.

– De toute façon, le seul hôtel à Saint-Sauveur est tenu par des fachos. Le type vote Le Pen et brade le cul de sa femme quand il a un coup dans le nez. Pas du tout le genre d'établissement où loger une jeune et innocente chercheuse en socio.

Cheryl rit.

– Quand on étudie la sociologie, on perd vite son innocence !

– Ah bon ?

Sourire double requin.

– Et je t'invite à manger chez moi ce soir.

– À condition que ce soit moi qui fasse la cuisine, protesta Cheryl.

– Tu n'as pas confiance ?

– Si, au contraire, mais je suis confuse de tant de générosité.

Robin soupira et redevint humain.

– Tant qu'on me demande de parler de moi, je suis le garçon le plus généreux du monde !

Robin était comédien et heureux de l'être. Musicien, également. Théâtre de rue et musique en direct. Violon, guitare, contrebasse, à partir du moment où il y avait des cordes, il les faisait sonner. Jazz, folk, rock, classique, tout sauf le solfège et en fonction du spectacle, bien sûr. Il faisait partie d'une troupe : carnavals, animations, acrobaties... Il participait également à un groupe spécialisé dans le spectacle pour enfants : marionnettes, chansons... Il jouissait d'un statut d'intermittent du spectacle et ajoutait une nouvelle pièce à sa maison pendant ses heures libres.

– Ce que j'aime le plus dans la vie ?

Sourire d'enfant, haussement de sourcils.

– Parler de moi, bien sûr.

– Dis-moi, demanda Cheryl au bout d'un moment. Dans le train, je feuilletais un journal que quelqu'un avait laissé et je suis tombée sur un article où ils parlaient de Saint-Sauveur. Une histoire d'adolescente de quatorze ans retrouvée morte dans une grange. C'est le même village ?

– Malheureusement, admit Robin d'une voix soudain très sérieuse. La vie à la campagne, ce n'est pas uniquement la musique et les feux de cheminée. Tiens, nous y voilà.

Le VW roulait à présent sur un chemin de terre où de gros cailloux tentaient de crever la surface comme des baleines en manque d'air. De chaque côté, des murets faits de la même pierre grise s'élevaient sans mortier ni ciment pour se faire pudiquement recouvrir de mousse et de plantes grasses. Au-delà des murets, des arbres : chênes, conifères, buis, acacias... Le soleil, très bas à présent, teintait l'ensemble d'un voile ocre rouge. Et puis, au bout du chemin, Cheryl aperçut la maison : construction en bois, comme une cabane de trappeurs en forme de tipi indien. Étonnant.

– C'est ça, ta maison ?

– Ouais, acquiesça Robin, tout fier. J'ai bossé six mois pour un type dans l'Ariège, à abattre des arbres, les débiter, les stocker. Un boulot de fou à des températures toujours en dessous de zéro, mais il m'a payé en bois. Troncs d'arbres entiers pour l'infrastructure avec tout un tas de chutes en prime, et voilà le résultat. Elle te plaît ?

– Elle est magnifique, dit Cheryl.

Sincèrement.

Puis :

– Vous êtes loin de la grange incendiée où ils ont trouvé la petite ?

– Pas loin du tout. Elle est même juste de

l'autre côté de la route. Pourquoi ? Les sociologues s'intéressent-ils également aux faits divers ?

– Les sociologues s'intéressent à tout, rétorqua Cheryl. On peut aller voir ?

C'était une ruine de pierres calcinées entourée de bandes plastiques fluorescentes, sans doute laissées par les gendarmes pour dissuader les curieux. Elles ne dissuadaient personne, à vrai dire. Elles attiraient plutôt l'attention sur un tas de cailloux noircis que personne n'aurait remarqué si les rubans orange n'avaient pas été là.

Cheryl en fit le tour, lentement, puis pénétra dans la coquille noire et sans toit.

– Ils l'ont trouvée dans le coin là-bas, dit Robin d'une voix blanche. C'est bon ? Ta curiosité malsaine est satisfaite ?

Cheryl se sentit tout d'un coup très gênée. Elle s'approcha de lui, ressortit à l'air libre.

– Je suis désolée, dit-elle humblement. Je suis gourde, maladroite et insensible. Tu la connaissais, bien sûr ?

– Oui, je connaissais Fanny, dit Robin en s'éloignant de la ruine. C'était une chouette gamine et quoi qu'en disent les autres, elle était tout à fait capable de se tuer. Elle avait largement assez de raisons de vouloir en finir avec la vie.

Cheryl fronça les sourcils.

– Des raisons comme quoi ?

– Comme le fait qu'elle allait redoubler sa quatrième après avoir redoublé la cinquième.

Comme le fait qu'une prof du collège l'avait prise en grippe et lui faisait mener une vie d'enfer comme seuls savent le faire des profs cinglés. Comme le fait que le copain de sa mère refusait qu'elle l'appelle «papa». Comme le fait que son vrai père est mort du sida l'an dernier et que tout le putain de canton est au courant et qu'à quatorze ans, elle se trimballait déjà une étiquette de future toxico, d'exclue, de ratée sociale, vu l'hérédité…

– Je suis désolée, murmura Cheryl.

Robin haussa les épaules.

– Non, tu ne l'es pas. Juste curieuse, comme tout le monde. On vit une époque où les vrais sentiments sont remplacés par la curiosité. Qu'est-ce que tu nous fais à manger ?

Mais Cheryl, tout à coup, n'avait plus très faim.

– Bienvenue dans mon home sweet home ! dit Robin en poussant la porte.

Cheryl avait récupéré son sac à dos dans le VW et se demandait à présent comment réintroduire le sujet de Fanny sans passer pour une salope. Mais en franchissant la porte, elle oublia la petite, l'enquête, tout, et poussa une exclamation de stupeur.

– Oh ! C'est génial !

La tente d'Indien en bois, vue de l'intérieur, ressemblait à une petite cathédrale qui pointait son nez au ciel. C'était grandiose tout en restant simple : chaud, vivant et très, très beau. Une grande pièce centrale, une cuisine ouverte sur le côté, des mezzanines, et tout autour, le vert des arbres qui se reflétait sur les murs de bois. Malgré l'espace, il y avait peu de place libre au sol car l'endroit était rempli d'instruments de musique, de matériel de hi-fi et d'enregistrement, de fauteuils, de tables basses, de chaises et de plantes vertes.

– Viens voir ma toute nouvelle pièce, dit Robin en lui prenant la main. Elle n'attend plus que la princesse qui viendra l'habiter un jour.

Cheryl sourit.

– Normalement c'est après avoir vu la princesse que les princes charmants construisent les palaces et non pas l'inverse !

– Je ne peux jamais rien faire comme tout le monde, affirma Robin, très sérieux. Et j'ai faim.

– Entendu. Que veux-tu manger ?

– Le mieux serait que tu regardes ce qu'il y a dans la cuisine et que tu fasses avec, non ? L'épicerie du village est fermée à cette heure-ci, de toute façon, alors il n'y a franchement pas le choix.

Cheryl acquiesça et regretta très rapidement son élan de générosité culinaire. La plupart des boîtes et paquets dans la cuisine de Robin portaient des noms dont elle n'avait jamais entendu parler sans aucun mode d'emploi. Dans un grand panier en osier, des légumes encore pleins de terre la narguaient depuis un moment. Surtout les grosses feuilles vertes qui n'étaient ni chou ni laitue et dont elle n'osait demander le nom. Elle fut sauvée par un bruit de moteur, de portière qui claque, puis de coup sur la porte. Un grand homme d'une trentaine d'années, maigre, très brun, aux yeux verts, et vêtu d'une espèce de poncho aux couleurs vives, fit une entrée fracassante.

– Si je reste cinq minutes de plus avec elle, je la tue, Robin, je te le jure !

Cheryl et le nouveau venu se dévisagèrent en silence, puis elle suggéra :

– Le divorce serait moins définitif, non ?

– Faut déjà être marié pour pouvoir divorcer si j'ai bien compris le truc.

– Alors, épousez-la. Ce sera toujours ça de pris !

Le type, ne sachant pas trop comment réagir, se tourna vers Robin.

– Tu fais les présentations ?

– Pierre, dit Pierrot le fou, je te présente Carole, dite Carole la curieuse. Elle est sociologue, elle étudie le retour à la terre des ex-soixante-huitards en manque d'utopie et veut savoir ce qu'on fout tous là. Lui est musicien, auteur, compositeur, interprète et organisateur du feu carnaval de Saint-Sauveur récemment assassiné par un maire mégalomane et fasciste. Voilà. Avant que tu n'arrives, Pierrot, Carole s'était proposé de faire à manger, mais j'ai l'impression que mon frigo ne lui inspire guère confiance. Alors asseyez-vous tous les deux, je vous offre de la bière. Pierre, tu n'auras qu'à raconter tes malheurs à Carole qui sait très bien écouter, et moi, je vais faire à bouffer parce que J'AI FAIM !

Cheryl et Pierre se regardèrent et éclatèrent de

rire, mais Cheryl trouva quelque chose de triste dans le rire de ce grand homme aux yeux transparents. Elle ne tarda pas à comprendre pourquoi.

Robin leur servit à chacun une Pelforth blonde, puis murmura à l'oreille de Cheryl :

– Pierre est le compagnon de la maman de Fanny, alors sois gentille avec lui.

Cheryl comprit : l'homme qui ne voulait pas que la petite l'appelle papa. Du coup, elle ne savait plus quoi dire. Pierrot le fou avala la moitié de la bière, secoua la tête plusieurs fois, se mit à pleurer, le visage cassé par la douleur, et hurla :

– Elle ne s'est pas tuée, Fanny ! Ce n'est pas vrai ! C'est ce putain de maire ou un de ses putains de conseillers municipaux qui l'ont tuée pour se venger ! Ils ne savent plus quoi inventer aujourd'hui pour nous chasser de leur putain de campagne à la con, alors ils l'ont tuée ! Ils ont assassiné ma gamine pour nous faire partir de là, et le pire, c'est qu'ils ont gagné ! On va partir ! Mariette craque complètement, elle ne peut plus continuer à vivre ici, elle va devenir cinglée !

Puis, d'un grand geste lourd d'impuissance, il balaya tout ce qui se trouvait sur la table : bières, cigarettes, cendrier, violon, papiers divers, et sortit de la maison en courant. Suivi de près par Robin.

Cheryl regarda autour et poussa un grand soupir. Sans esquisser le moindre geste, presque, son enquête avançait à pas de géant. Mais Gabriel disait toujours que le plus grand atout d'un enquêteur était de savoir écouter, et à Cheryl d'ajouter invariablement que dans la coiffure, l'oreille était plus à aiguiser que les ciseaux. On vous pardonnait une mauvaise coupe à la limite, mais jamais une mauvaise écoute, à croire que les gens ne trouvaient d'oreille sympathique qu'en payant le prix. Psychanalyse ou mise en plis, même combat. Enfin, Pierrot le fou, apparemment, avait besoin de plus qu'une écoute compatissante s'il commençait à accuser de meurtre le maire de Saint-Sauveur.

Cheryl ramassa les affaires, essuya la bière, en ouvrit une autre et se mit à faire le tour de la maison en l'absence de son propriétaire. Au bout de quelques minutes, son regard baladeur tomba sur un article de journal découpé avec soin. Elle lut :

« *Interdiction de séjour pour monsieur Carnaval.*

« *Le carnaval de Saint-Sauveur faisait la joie des petits et grands depuis huit ans, mais pas, apparemment, dans la commune de Saint-Sauveur. En effet, après de nombreuses rumeurs (démenties par l'instigatrice) concernant une pétition anti-carnaval lancée par la première dame de la commune, madame Raymonde Lannuque, et devant la soi-disante incapacité du comité carnaval à garantir d'avance une fête sans heurts ni mauvais éléments, le conseil municipal de Saint-Sauveur a voté à neuf voix contre une l'interdiction du carnaval 96. Les raisons évoquées ? Présence de personnes à la mine pas catholique le jour de la fête dans les rues de*

Saint-Sauveur... Le contenu peu culturel *d'une manifestation réunissant une vingtaine de troupes de théâtre de rue et groupes de musique en tout genre... Les problèmes rencontrés l'an passé.*

« Quels problèmes ? avons-nous demandé au maire. Y a-t-il eu détérioration de propriété privée ? Effraction ? Vol ? Combien de plaintes a enregistrées la gendarmerie ?

« Aucune, bien sûr, car le problème, nous le savons tous, n'est pas là. Et le comité carnaval ne baisse pas pour autant les bras. Le carnaval est interdit ? Vive le non-carnaval ! »

L'article était signé : Robin Cuisinier.

Tiens, se dit Cheryl, le comédien est également journaliste. En plus du reste.

Elle finit de tout ranger, confectionna une omelette aux pommes de terre, réussit malgré toute son attention à la brûler, la mangea quand même (enfin, la moitié) et attendit. Robin ne revint pas. Elle attendit encore. Puis elle sortit le petit livre de Rilke et l'ouvrit au hasard.

« Je ne puis que formuler une fois de plus, le vœu que vous trouviez assez de patience en vous-même pour supporter, et assez de simplicité pour croire. Confiez-vous toujours davantage à tout ce qui est difficile et à votre solitude. Pour le reste, laissez faire la vie. Croyez-moi, la vie a toujours raison. »

Très bien, se dit Cheryl. Je suis venue ici pour prouver qu'une fille de quatorze ans ne s'est pas tiré une balle dans la tête et n'a pas non plus été assassinée par un psychopathe, et pour le moment, ici du moins, le côté psychopathe paraît hors de question. Ou *le Parisien* n'a interviewé que les gendarmes, ou quelqu'un a mis le couvercle sur l'information. Mais tandis que Robin soutient la thèse du suicide, le beau-père s'acharne contre une mairie anti-carnaval, anti-fêtes et probablement anti-hippies qu'on n'appelle plus les hippies, mais les néo-ruraux. On n'assassine quand même pas pour ça, non ? Dans la logique actuelle des racismes, ici il ne s'agit même plus de couleur de peau.

Cheryl, après avoir lavé son assiette, refit un tour de la maison. Il y avait peu de superflu, peu de décoration : une maison faite pour vivre et non pas pour épater. Dans les mezzanines, un matelas posé à même le plancher faisait office de lit. Elle ne trouva pas la salle de bains. Tout le confort, avait dit Robin. Cela dépendait de sa définition du mot confort... Pour Cheryl, le confort, c'était un grand lit aux draps de satin rose, une moquette épaisse et propice aux ébats câlins, des murs droits recouverts de posters de Marilyn, un frigo contenant autre chose que des œufs et des algues séchées, et tout un tas de peluches à qui causer en cas de blues solitaire. Elle se sentit, justement, un peu seule.

– Alors, la beauté, on tombe de sommeil ?

Elle ne l'avait pas entendu revenir.

Sourire attendri.

– J'ai calmé le père Pierrot. Il a l'air impressionnant comme ça, mais c'est un brave type fou de douleur qui ne sait pas comment l'exprimer. Il te fait ses excuses. Tu veux dormir ?

– Je veux aller faire pipi, dit Cheryl. C'est la bière. Mais je ne trouve pas les toilettes. Ni la salle de bains.

Robin eut un geste d'impuissance.

Sourire gêné.

– C'est que je ne suis pas encore arrivé jusque-là. J'étais pourtant parti pour faire une salle de bains avec baignoire et tout, mais que veux-tu ? L'été, j'aime trop me baigner dehors, au milieu des arbres, et l'hiver, je me douche à la cabane. Quant aux toilettes, eh bien, j'avoue que j'ai un peu la flemme de creuser le trou pour mettre la fosse septique, alors ça aussi, ça se passe dehors.

– Mais il fait nuit, protesta Cheryl. Je ne verrai même pas sur quoi je vais poser mes fesses. Pour l'instant, c'est le seul avantage que j'accorde aux hommes : la possibilité de pisser debout et sans se déculotter.

Robin haussa les épaules.

– Désolé, mais c'est comme ça. Tu n'as qu'à prendre une lampe de poche, ça t'évitera de te piquer le derrière.

– Je t'ai laissé de l'omelette, dit Cheryl en revenant, quelques minutes plus tard. Elle est froide, mais si tu la réchauffes elle sera encore plus brûlée qu'elle ne l'est déjà. À toi de voir…

Robin se saisit de la poêle et, avec une grimace de dégoût, y plongea une fourchette.

– Mmm ! C'est franchement horrible ! À partir de maintenant, tu me laisses m'occuper de la cuisine et tu te consacres entièrement à ta thèse. Qu'est-ce que tu veux savoir exactement concernant les gens ici ?

– Qui a tué la petite Fanny, répondit Cheryl.

3

Cheryl bâilla et s'étira dans le lit, avec une pensée émue pour son propre couvre-lit en fourrure synthétique rose, témoin de plus d'une nuit tumultueuse. Dans le lit de la cabane de Robin, la nuit avait été calme et solitaire. Robin lui avait montré la petite maison en bois avant de repartir et la laisser avec un sentiment mélangé de soulagement et de déception. Elle se disait que s'il avait tenté quoi que ce soit elle l'aurait gentiment éconduit... mais il n'avait rien tenté du tout. Dommage.

La lumière filtrait à travers les fenêtres de plexiglas tandis que Cheryl se doucha et, se sentant d'humeur à conquérir le monde, alla frapper chez Robin.

– Déjà debout ? s'étonna-t-il. Tu n'es donc pas la belle au bois dormant.

Elle rit.

– Et toi, tu n'es pas la méchante fée, alors on est quitte. Tu manges aussi des algues séchées au petit déjeuner ou est-il possible de faire des tartines grillées comme tout le monde ?

Robin soupira.

– Chère Carole, je ne mange pas d'algues séchées du tout. Ce paquet a atterri ici Dieu sait comment et s'y est installé. Impossible de l'en déloger. Je l'ai jeté à la poubelle plus d'une fois, mais il réapparaît aussitôt. Cela dit, ce n'est pas toi qui touches au grille-pain après ce que t'as fait à cette pauvre omelette hier soir. Bien dormi, au fait ?

Cheryl soupira d'aise.

– Très bien. Le silence m'a réveillée une fois ou deux, je suis plutôt habituée aux camions-poubelles, vois-tu. C'est vraiment très beau ici.

La lumière matinale filtrait à travers les feuilles des chênes et des azalées qui entouraient le tipi de bois. Un coucou chantait au loin, un chat siamois se frotta aux chevilles de Cheryl en ronronnant. Robin se mit à couper des tranches dans un gros pain de campagne.

– Maintenant que je suis un peu plus éveillé, dit Robin doucement, il faudra que tu m'expliques pourquoi une sociologue s'intéresse tant à la mort d'une inconnue.

– A priori, elle ne s'y intéresse pas, répondit Cheryl. Mais il y a beaucoup de phénomènes auxquels s'intéressent les sociologues. Comme le suicide des mineurs, par exemple. Ou l'intégration des citadins en milieu rural. La mort de Fanny semble déborder sur les deux sujets.

Robin revint de la cuisine avec deux tartines dorées.

– Il n'y a pas d'intégration, dit-il d'une voix soudain très froide. À Paris, vous vous débattez entre le Front national et les Arabes, Noirs ou toxicos, au choix. Ici, on se débat entre les paysans membres du parti Chasse et Pêche et ceux qu'on appelle les néo-ruraux. Eux nous considèrent comme les petits commerçants parisiens considèrent vos Arabes ou vos toxicos. On est l'ennemi, l'étranger. On a les cheveux trop longs, on ne parle pas comme eux, on ne s'habille pas comme eux, on ne mange pas la même chose, on ne fait pas les mêmes métiers, on est donc forcément suspects. Des glandeurs, quoi. Des drogués. La haine monte vite, ici comme ailleurs, et elle est toujours entretenue par ceux qui ont intérêt à ce que les populations soient divisées : les hommes politiques. Surtout la droite, mais la gauche n'a pas été fameuse non plus. La démagogie dépasse largement les frontières politiques. Ici, il y a des gens qui ne demandent pas mieux que de nous connaître, de partager, de nous raconter leur vie, leur terre, leur histoire, quoi, et d'écouter la nôtre. Mais alors, ils sont montrés du doigt par leurs anciens camarades de classe et la haine continue à pousser.

Cheryl mordit dans du beurre fondu recouvert de miel tiède. Un délice.

– Tu crois que la petite Fanny a pu être victime de cette haine hâtive ?

Robin haussa les épaules.

– Moi, je crois que la pauvre môme en a eu marre, est tombée sur un pistolet et a décidé de tout arrêter. Elle déprimait à fond depuis des semaines déjà, ne savait plus à qui se confier. C'est un âge difficile pour tout le monde, mais Fanny était particulièrement gâtée.

– Et la grange aurait pris feu toute seule ?

– Peut-être. Peut-être pas. Pour être tout à fait honnête, Carole, je ne veux même pas le savoir. La gamine est morte, point final. Je n'ai pas envie de chercher un bouc émissaire pour me dédouaner de ma propre responsabilité. Ma culpabilité, je l'assume.

– Toi ? s'étonna Cheryl. De quoi te sens-tu coupable ?

– Ce sont les petits détails qui poussent les gens à se suicider, tu devrais le savoir. Je crois faire partie des détails. Si je peux te donner un conseil, tu ferais mieux d'oublier Fanny. Remuer cette histoire n'apportera rien de bien à personne. Laisse les blessures se cicatriser tant bien que mal et occupe-toi de l'exode rural et du retour à la terre des hippies utopistes.

Cheryl sourit.

– Merci pour le conseil. Je change de sujet, alors. Parle-moi du carnaval.

Pierrot le fou était à l'origine du carnaval de Saint-Sauveur avec sa femme, Mariette, la mère de Fanny qui, depuis Fanny, avait eu deux autres enfants avec Pierre. Ils avaient démarré le premier carnaval à la demande et en collaboration étroite avec les instituteurs de l'école communale, et d'année en année, la manifestation avait pris de l'ampleur.

– L'année dernière, on a vendu quatre mille badges et on a fait mille deux cents entrées payantes pour le bal du soir. Un bal rock, du punk au rockabilly, cinq groupes non-stop jusqu'à l'aube, c'était génial !

– Et cette année, interdiction, alors ? demanda Cheryl.

– Ouais. Mais je ne suis pas au courant des détails. Il faut parler avec Pierre et Mariette pour ça. Ils habitent au Bois Gros, un terrain acheté à plusieurs, communautaire, si tu veux, même s'ils ont chacun leur maison et leur indépendance. Ils sont parmi les premiers à s'être installés dans le coin. Et le carnaval, c'est leur bébé. C'est eux qui se sont occupés des réunions avec la mairie, la presse et les manifs de protestation.

– Des manifs ? demanda Cheryl, étonnée.

Robin fit un geste agacé.

– Manifs, c'est un bien grand mot, en fait. Tout ça reste très gentil, malgré ce qu'on pourrait penser. Très bon enfant, même. Aucun de nous n'a vraiment envie que ça dégénère. Si tu veux en savoir plus, je t'amènerai chez Pierre et Mariette, mais pas ce matin. À dix heures, c'est l'enterrement de Fanny. Tu peux rester ici, ou alors je te dépose au café.

Cheryl hésita.

– J'aime autant y assister, si c'est possible.

– Bien sûr, répondit Robin.

Mais il ne la regardait pas et son ton était loin d'être enthousiaste.

Le village de Saint-Sauveur, découvrit Cheryl, tournait en escargot autour de l'église. Les magasins étaient peu nombreux : une boulangerie, une pharmacie, deux charcutiers, une coopérative de produits biologiques, une droguerie, une épicerie et deux tabacs. Deux cafés, également. Plus la mairie, la banque et le bureau de poste. Une micro-société repliée sur elle-même où le reste du monde était confiné au poste de télévision et ne prenait existence que le soir au journal de vingt heures. Cheryl avait l'impression de débarquer d'une autre planète. Malgré son jean passe-partout et son maquillage discret, elle était l'objet de tous les regards, ouverts ou détournés. Qu'est-ce que ç'aurait été avec le parapluie à frou-frous ? se demanda-t-elle. C'était à croire qu'ils n'avaient pas vu une femme depuis des mois.

La petite église était bondée ; le cercueil noyé sous les fleurs. Le curé ne dit pas une messe traditionnelle, mais fut plutôt l'animateur d'une série d'hommages et de témoignages de tendresse qui firent monter dans la gorge de Cheryl une boule de jonglage rouge et jaune. On chanta, on dansa, même, on récita textes et poèmes, on jongla au rythme d'une musique mi-gitane, mi-bourrée auvergnate composée par Pierre et que Robin qualifia de world musique. C'était émouvant. Sincère. Beau et tragique. Mais Cheryl ne pouvait s'empêcher de regarder sans cesse le petit cercueil perdu dans toute cette foule et qui semblait embarrassé devant tant d'effusions ; qui demandait simplement qu'on l'enterre et qu'on l'oublie. Plusieurs personnes pleuraient des larmes de ceux qui se disent *trop tard.*

Cheryl regarda autour d'elle, repéra Pierrot le fou, au premier rang, et nota que les plus de quarante ans et les autochtones étaient peu nombreux. À côté de Pierre, une femme aux cheveux roux et aux yeux rougis était de toute évidence la femme du fou et la mère de Fanny. Elle tenait contre elle deux jeunes enfants qui ressemblaient surtout à leur père et dont un n'avait pas deux ans. Lorsque l'hommage eut pris fin et que le prêtre invita les intimes à l'accompagner jusqu'au cimetière, Cheryl se glissa en dehors de l'église et entra dans le premier café où un jeune homme brun tenait le bar. Le Galopin.

– Ça y est, c'est fini ? demanda-t-il.

Cheryl hocha la tête, la boule se dissolvait, lentement.

– Vous êtes de la famille ? questionna de nouveau le garçon.

– Pas du tout, répondit Cheryl en commandant un café serré.

Il le lui servit, puis relança une nouvelle fois.

– Journaliste ?

– Non plus. Il y en a eu beaucoup ?

Le jeune homme fit une moue dégoûtée.

– Un seul, et encore, il habite ici. Les gamins qui se suicident, c'est un peu honteux pour tout le monde. Ça oblige les vieux à se poser des questions, et aujourd'hui, l'ambiance est plutôt aux convictions inébranlables qu'aux doutes sains qui font avancer le shmilblick.

– Je croyais que la thèse du suicide ne tenait plus, fit observer Cheryl.

– Oh vous savez… Les gendarmes n'ont pas très envie d'aller chercher plus loin de peur de remuer trop de merde, et le suicide, ça arrange tout le monde d'un certain point de vue. Mais moi, je ne vois pas Fanny se tirer une balle dans la tête. C'était une gamine à problèmes, comme on dit, mais elle ne voulait certainement pas mourir, si dure que soit sa vie. Elle voulait juste que les gens l'aiment un peu, qu'ils arrêtent de la montrer du doigt sous prétexte que son vieux s'était chopé le sida, comme si elle y était pour quelque chose. Enfin, moi, je l'aimais bien et je n'ai pas besoin d'aller faire l'hypocrite à l'église pour le prouver.

– Enfin... reprit Cheryl après un court silence. Si elle ne s'est pas suicidée, ça veut dire que quelqu'un l'a assassinée.

Il la regarda comme si elle venait de dire que la terre était certainement ronde.

– Évidemment que quelqu'un l'a assassinée, qu'est-ce que vous croyez ?

– Mais, pourquoi ?

– Ça, madame, je n'en sais rien. Mais que ç'aurait un rapport avec le carnaval, que ça m'étonnerait pas. Ils sont allés loin dans la haine, d'un côté comme de l'autre pour certains et je n'accuse personne. De toute façon, dans ces histoires de conflit, c'est toujours les innocents qui récoltent les balles perdues.

Cheryl secoua la tête, incrédule.

– On ne tue pas pour un carnaval.

– On ne tue pas une vieille mémé pour lui voler un sac contenant cinquante francs, répondit l'autre.

Cheryl appela sa mère de la cabine en face du Galopin.

– Maman ? Bien sûr que je vais bien, oui, oui,

je dors, je mange, tout comme il faut. Papa va mieux ? Alors dis-moi, qui a téléphoné ? Personne ? Même pas Gabriel ? Alors il doit être réellement très fatigué. Ça ou il me fait la gueule. Écoute, je te laisse un numéro de téléphone où tu pourras laisser des messages, on ne sait jamais. C'est un bar, ça s'appelle le Galopin. Tu demandes Carole, d'accord, je t'expliquerai pourquoi plus tard. Allez, bisous !

Cheryl raccrocha avant que sa mère ne se mette à se plaindre que c'était bien la peine de se creuser la tête pendant neuf mois à trouver des prénoms originaux pour ses enfants si les ingrats ne s'en servaient même pas et que si elle laissait un message pour une autre, comment est-ce que Cheryl serait sûre de l'avoir ?

– Tu téléphones à qui ? demanda Robin au moment où elle sortait de la cabine.

– À mon directeur de recherches, si tu veux tout savoir. Tu n'es pas allé à l'enterrement ?

– Ça suffit comme ça, non ? dit-il d'une voix sèche. La vie continue.

– Pas pour Fanny.

– Épargne-moi tes clichés, s'il te plaît.

Il avait l'air furieux, mais Cheryl le suivit jusqu'au VW, curieuse de voir comment il allait passer le reste de la journée.

– Si tu t'intéresses vraiment aux mouvements de population, dit Robin d'une voix qui montrait qu'il y croyait de moins en moins, tu peux m'accompagner chez un type qui a pas mal bourlingué dans sa vie. Un Parigot. Vous devriez bien vous entendre, tous les deux.

– Et Mariette, on la voit quand ? demanda Cheryl sans insister sur la dernière phrase de Robin.

Le regard gris devint noir.

– Tu peux la laisser respirer cinq minutes, non, avec ce qu'elle vient de subir ?

Cheryl se sentit mal à l'aise encore une fois. Robin semblait avoir le don de la rendre maladroite, et elle commençait à lui en vouloir. Puis il lui adressa un sourire radieux, et elle le lui pardonna.

– Laisse-moi au moins le plaisir de te servir de guide, dit-il. Ce n'est pas tous les jours que je prends de belles sociologues en stop. N'est-ce pas, Carole ?

La dernière phrase fut prononcée d'une voix très bizarre.

Ce type est une véritable douche écossaise, se dit Cheryl. Un coup je t'aime, un coup je te hais. Je me demande si j'ai vraiment envie de coucher avec lui, après tout. Et puis, d'un autre côté, ça vaudrait peut-être le coup… Une ambiguïté stimulante, en somme, même s'il est un peu maigrichon…

Tout d'un coup, elle se vit en sorcière de conte de fées, attendant, avant de manger le pauvre petit garçon perdu, qu'il prît du poids. Elle éclata de rire.

– Qu'est-ce qu'il y a de si drôle ? demanda Robin.

– Si je te le disais, ça te ferait rougir.
– Dis toujours.
– Certainement pas. Il est des choses qu'une dame peut penser mais ne point dire.
Robin sourit.
Sourire carnassier.
– Je vois, dit-il.

Il gara le camion devant un vieux moulin à vent sans ailes et bâti en pierre sèche.
– Bienvenue au moulin de Jeannot Lapine, dit-il d'un air pince-sans-rire.
– Jeannot qui ?
– Jean. Un vieux copain. Dit Jeannot Lapine pour les intimes. Viens, tu comprendras.
Cheryl comprit.
Il était grand et mince et n'aurait pas détonné dans sa propre chambre-boudoir parmi les peluches et les posters de Marilyn. Les cheveux décolorés, les yeux bleus, un sourire canaille, une boucle d'or à chaque oreille, chaîne en or autour du cou, chemise hawaïenne. Il lui baisa la main, recula et s'extasia :
– Chérie, tu es ravissante ! Où est-ce que notre Robin des bois est allé chercher une beauté pareille ?
Cheryl ne put s'empêcher de rire.
– C'est une chercheuse en sociologie, intervint Robin. Elle veut interviewer des babas cool partis élever des chèvres pour fuir les mauvaises vibrations de la ville. Elle a jeté son dévolu sur Saint-Sauveur.
– Où elle a trouvé dix fois plus de mauvaises

vibrations qu'à la plaine Saint-Denis, termina Jeannot en riant. Pas de bol !

– Je ne suis pas exactement venue avec des idées toutes faites, le rassura Cheryl. Je veux simplement parler à ceux qui habitent ici et qui sont nés ailleurs ; la nouvelle génération de campagnards, en quelque sorte.

– Les néo-ruraux, tu veux dire ? C'est un terme où se glisse de plus en plus de mépris, malheureusement, sourit Jean. Mais, entrez donc dans mon humble demeure ! Qu'est-ce que vous buvez ? Thé à l'ortie ou infusion de chiendent ?

– C'est une plaisanterie, crut bon de préciser Robin devant la mine épouvantée de la chercheuse. Il boit du café, comme tout le monde.

Cheryl se posa sur une chaise en bois, sortit un bloc sténo, et d'une voix toute professionnelle, dit :

– Je vous écoute, monsieur Lapin.

Jeannot était né à Aubervilliers, avait travaillé comme maquettiste publicitaire, s'était marié, avait divorcé, s'était remarié, avait redivorcé («je suis un type qui met du temps à comprendre») avant de décider que finalement il se sentait beaucoup mieux sans femme dans sa vie. Il s'était mis à fréquenter des hommes («bref, j'ai décidé d'assumer.») Départ de Paris sur un coup de tête avec l'arrivée du Minitel. Création d'un serveur messagerie avec l'idée de provoquer des rencontres («pour les types paumés dans leur cambrousse, ça les change des moutons»). Création, également, d'un petit journal local pour raconter la vie du pays (« un outil de communication, comme on dit de nos jours »). Aujourd'hui, était fatigué, sans illusions, prêt à tout vendre pour réintégrer l'anonymat de la capitale (« au moins là-haut, la haine est quelque chose de diffus »). En voulait à tout le monde. Aigri, le lapin.

– Tu vois, ma belle, on est venus ici avec des rêves plein les valises, avec des désirs d'utopie, avec un idéal de vie derrière la tête. Niquer la société de consommation, vivre en harmonie avec la nature, les potes. On ne demandait pas qu'on nous accueille les bras ouverts, loin de là, mais bon, on repeuplait une région qui mourait à petit feu, on faisait revivre les écoles, les commerces, on se disait que les gens allaient être contents. Eh bien, non ! Les gens ne sont pas contents. Au début, ça allait encore, sans doute parce qu'on n'était pas nombreux et qu'ils se disaient qu'on n'allait pas rester, mais plus ça va, plus la haine macère, savamment entretenue par certains, et plus on se demande ce qu'on fout là.

– Qu'est-ce qui t'empêche de remonter à Paris, dans ce cas ? demanda Cheryl en levant son nez du bloc-notes.

Jean la gratifia d'un regard las.

– La même chose qui empêche les Algériens de retourner en Algérie : la volonté de croire au rêve, la lassitude aussi. Tout recommencer, encore une fois, à près de cinquante balais, c'est dur. Et puis, on se dit qu'il faut assumer ses choix, malgré tout. On sait, au fond, que là-haut, c'est pas mieux. On sait que tous nos rêves de paix et d'harmonie étaient fondés sur de fausses bases, qu'il faut être prêt à se battre, s'il le faut, pour défendre sa liberté, son idéal de vie. Que le progrès social ne tombe pas du ciel.

– T'es prêt à te battre, toi ? demanda Cheryl d'un air espiègle.

Jeannot ferma les yeux.

– Mais je me bats. Je me bats tous les jours, à travers ma façon de vivre, à travers le journal, aussi.

– Tu te bats pour le carnaval ?

Il y eut un silence.

Un blanc.

– Qui t'a parlé du carnaval ?

Cheryl leva les yeux au plafond.

– Tout le monde. On ne parle que de ça ici. Je n'ai pas encore rencontré les organisateurs, alors je n'ai pas tous les détails…

– Ce n'est pas une histoire de détails, dit Jean amèrement. C'est une histoire très simple. Le maire et ses petits copains du conseil municipal voudraient que toute la région devienne une vaste maison de retraite pour gens fortunés. Les vieux, c'est propre, ça fait pas de bruit et ça rapporte gros, alors que les jeunes, ça fait désordre, c'est bruyant, ça se reproduit à tout-va et ça empêche de tourner en rond. Leurs enfants à eux sont tous partis chercher du boulot à la ville et ils ne comprennent pas qu'on ne fasse pas la même chose. Puisque le boulot, ici, il n'y en a pas, on est forcément tous des glandeurs, des érémistes, des parasites sociaux. S'ils le pouvaient, ils nous expulseraient tous, comme les charters de Pasqua.

– Jean est légèrement amer, fit remarquer Robin inutilement. Mais il a des raisons. Il a publié un édito dans son journal où il était question des vraies raisons derrière l'interdiction du carnaval, sauf que c'était dit au trentième degré, une blague, quoi. Mais tout le monde n'a pas le sens de l'humour de Jeannot et le maire a très mal pris la chose. Il l'attaque en justice à présent, pour diffamation. Et, franchement, Jeannot n'est pas sûr de gagner. S'il perd, il devra vendre tout, non pas par choix mais pour payer l'amende.

– Vous avez une copie de l'article ? demanda Cheryl.

Jean secoua la tête.

– J'ai tout brûlé quand j'ai reçu la lettre de son avocat, en espérant que ça le calmerait, mais apparemment, rien à faire, il veut aller jusqu'au bout.

– Mais tu dis quoi, exactement, dans l'article ?

Jeannot soupira et se tut. Robin, un sourire malicieux aux lèvres, combla le trou avec un grand coup de vent d'autan.

– Rien qui puisse apporter une quelconque aide à des recherches sociologiques. Ou alors, tu fais ta thèse sur l'émergence de nouvelles formes de racisme. J'ai peur, chère Carole, que tu ne sois en train de dévier de ta route, et tes interviews risquent d'être classées hors sujet.

Cheryl fut sur le point de l'inviter à s'occuper de son potager, puis se rappela qu'elle avait laissé son sac chez lui. Et que l'homme, malgré tout, ne la laissait pas indifférente. Cependant, son obstination à la recadrer commençait à devenir franchement suspecte. Elle se promit de s'occuper sérieusement du cas Robin, et cela le plus tôt possible.

4

Robin avait tendu un hamac entre deux chênes et Cheryl y aurait volontiers passé l'après-midi, mais chaque fois qu'elle fermait les yeux, la salle du Pied de Porc à la Sainte-Scolasse apparaissait à l'intérieur de ses paupières closes avec le Poulpe qui, en premier plan, brandissait un journal et criait : « Voilà, je vous l'avais dit ! » Aussi, décida-t-elle de marcher un peu, histoire de se mettre les idées en place et d'échapper pendant quelque temps à la surveillance de Robin.

Il faisait beau et doux, les oiseaux s'époumonaient tout autour, les fleurs se faisaient des concours du parfum le plus fort, il régnait une telle atmosphère de paix que Cheryl avait du mal à croire aux récits de haine qu'elle entendait depuis son arrivée. Elle se demanda si les anciens adeptes du peace and love n'étaient pas tous devenus un peu paranos à force de vivre loin de tout. Elle passa devant un jardin potager où un vieux pépé en béret lui expliqua patiemment la différence entre les épinards et les blettes et la meilleure époque pour semer les petits pois.

– Vous êtes en vacances ? lui demanda-t-il visiblement peu enclin à reprendre son binage.

– Pas du tout, avoua Cheryl. Je travaille pour un promoteur immobilier qui va peut-être ouvrir une maison de retraite dans le coin.

– Dans ce cas, vous arrivez trop tard. Ils viennent juste d'ouvrir le MAPAD, comme ils l'appellent.

Il haussa les épaules.

– Deux maisons de retraite dans un village comme Saint-Sauveur, ce serait un peu beaucoup.

– Oh, mais nos clients ne sont pas forcément du coin ! s'empressa de dire Cheryl. Au contraire, on travaille beaucoup avec les Parisiens désireux de s'éloigner du brouhaha de la ville.

Le vieil homme ne parut pas enthousiaste.

– C'est plutôt des enfants qu'il nous faut ici. Nous, les vieux, on est déjà assez nombreux.

Cheryl se dit que les gens du coin n'étaient pas si hostiles que ça, apparemment.

– Justement, en parlant de jeunes, dit-elle, on m'a dit d'aller visiter un endroit où ils ont construit des drôles de maisons, en bois au milieu des arbres et tout.

– Le Bois Gros ? Il ne faut pas écouter tout ce qu'on raconte sur ces jeunes. Ils sont comme tout le monde aujourd'hui, ils ne savent plus trop où ils en sont, mais c'est de braves petits. Certains vous diront ici que c'est des fainéants, mais je peux vous garantir le contraire. Sauf qu'ils ne font pas le même travail que nous autres. Et ceux qui critiquent, ils feraient mieux de sourire et de s'amuser un peu plus souvent, ça les rendrait moins cons !

– Mais ils sont apparemment très bruyants, dit Cheryl en jouant les avocats du diable. Et c'est un tel havre de paix ici.

– C'est pas un havre de paix, c'est un havre de mort, maugréa le vieillard. Bientôt les menuisiers ne feront plus que des cercueils. Les écoles meurent, les commerces meurent, les maisons meurent parce que personne ne veut vendre à un prix raisonnable et les jeunes n'ont pas assez de sous pour payer au même tarif que les résidences secondaires. Un jour, on mourra tous et il n'y aura personne pour mettre des fleurs sur notre tombe. Ces jeunes, pour moi, c'est l'immortalité, c'est la preuve que la terre se passera de mes vieux os. Mais peut-être que les autres ne veulent pas que la vie continue après leur mort, peut-être veulent-ils tout emmener avec eux…

– Et pour des terrains à vendre, demanda Cheryl. Je m'adresse à qui ?

Le vieil homme la toisa d'un regard méfiant avant de dire :

– Vous pouvez toujours essayer de demander au maire. Ou à sa bonne femme. Apparemment, vous êtes faite pour vous entendre toutes les deux. Leur maison est juste un peu plus loin, vous ne pouvez pas la rater. On ne voit que ça.

Puis il retourna à ses radis et ne sembla pas entendre Cheryl le remercier.

«Juste un peu plus loin» s'avéra être deux bons kilomètres de marche mais on ne pouvait, en effet, pas rater la demeure du maire : un grand bâtiment prétentieux style fausse ancienne ferme. Une grande femme blonde et impeccablement coiffée (permanente plus couleur plus mise en plis, décida l'œil expert de Cheryl) était en train de cueillir un bouquet d'iris blancs le long du muret. Cheryl se présenta en offrant une nouvelle fausse carte de visite.

– Caroline de La Pieuvre. Je travaille pour un promoteur immobilier à Nîmes. Vous êtes bien madame le maire ?

La grande femme gloussa.

– En fait, mon mari est maire, mais je l'aide beaucoup et je suis au courant de toutes ses affaires. En quoi puis-je vous être utile ?

Cheryl resservit la soupe de la maison de retraite, ajouta qu'elle commençait cependant à avoir des réserves vu le nombre de gens un peu bizarres qu'elle avait croisés dans le coin (des hippies, non ?) et se fit inviter à boire le thé.

– Vous ne croyez pas si bien dire, lui confia la femme du maire. Cette espèce de communauté a fait terriblement baisser le cours de l'immobilier autour de Saint-Sauveur, et d'autres du même acabit arrivent tous les jours. Malheureusement, le terrain leur appartient, certains ont même acheté des maisons autour, d'autres trouvent quand même des inconscients pour leur louer des logements et on ne peut pas y faire grand-chose. Sinon, croyez-moi, je m'en... enfin, mon mari s'en serait occupé depuis longtemps.

Cheryl prit un air contrarié.

– C'est tout de même gênant. Vous comprenez, notre clientèle est... comment dire... exigeante.

Madame le maire se pencha en avant.

– Je ne devrais peut-être pas vous le dire, confia-t-elle sur le ton du secret entre femmes, mais nous sommes en train, euh, d'étudier les possibilités, je dirais, pour nous débarrasser du fléau. Notre but, bien sûr, est qu'ils partent d'eux-mêmes. Avec un coup de pouce s'il le faut, ajouta-t-elle en souriant.

Cheryl se pencha également en avant et sentit le parfum cher et trop librement appliqué de la femme blonde.

– Et comment, exactement, comptez-vous procéder ? demanda-t-elle.

Mais les révélations de madame Lannuque durent attendre car juste à ce moment-là, on sonna à la porte, une employée de maison vint chercher la patronne et la grande femme s'éclipsa dans un nuage d'excuses.

Cheryl se laissa aller dans le fauteuil en cuir et soupira. Finalement, la paranoïa de Jeannot Lapin et de Pierrot le fou semblait plus que justifiée. Elle se rappela les petits yeux brillants de la femme du maire et se demanda si cette femme ne serait pas allée jusqu'au meurtre pour se débarrasser de ces indésirables.

« Non, se dit-elle. Ce serait plutôt du genre à pousser le mari jusqu'au meurtre en restant bien planquée derrière, surtout si le père Lannuque se sentait un tant soit peu attiré par la petite Fanny.

Il va falloir avoir une conversation serrée avec monsieur le maire bientôt.»

Des voix qui s'élevaient dans l'entrée la tirèrent de ses réflexions.

– Moi, j'peux pas le calmer, Raymonde, et j'ai pas envie de l'emmener chez l'toubib dans c't'état-là, y va tout déblatérer. Faut qu'tu viens. Il n'y a que toi pour le raisonner, tu l'sais bien.

Cheryl ne put entendre la réponse de Raymonde Lannuque, mais elle fut apparemment positive car la mairesse revint un instant plus tard dans un nouveau nuage d'importance mais si Caroline pouvait repasser en fin de journée, son mari serait également présent... elle était sûre qu'ils allaient pouvoir s'entendre... excuses, vraiment, urgence...

En sortant, Cheryl vit un grand homme au teint rougeaud qui attendait au volant d'une Mercedes bleu métallisé, et se demanda bien qui était celui que seule Raymonde pouvait calmer.

Cheryl s'assit sur une grande pierre grise au milieu des bois et s'appuya le dos contre un érable. Elle pensait à Robin, à son refus de voir dans la mort de Fanny une cristallisation de la haine qui les entourait tous, de quelque bord qu'ils soient. Aveuglement ou lâcheté ?

«Les hommes sont tous des lâches, quelque part, se dit Cheryl. Ils confondent agressivité et courage et s'entêtent à vouloir se prouver qu'ils sont les plus forts. Mais un homme lâche qui ne veut admettre aucune faiblesse devient dangereux et pour lui-même et pour les autres.»

Elle ouvrit le livre de Rainer Maria Rilke à la recherche d'un indice quant à la direction à suivre, et lut :

«Au vrai, la vie créatrice est si près de la vie sexuelle, de ses souffrances, de ses voluptés, qu'il n'y faut voir que deux formes d'un seul et même besoin, d'une seule et même jouissance. Et si, au lieu de "rut", on pouvait dire "sexe" dans le sens pur, élevé et large de ce mot, libéré des suspicions de l'Église...»

Église.

Curé.

Sexe.

Ou alors, une invitation à coucher avec Robin.

«Calme-toi, Cheryl, et va à l'église te faire absoudre pour tous tes mensonges et mauvaises pensées.»

Cheryl n'était pas croyante : elle aimait beaucoup trop faire l'amour pour pouvoir adhérer à une morale aussi restrictive, une morale faite de frustrations et de castrations. Mais elle aimait bien les églises, les odeurs... les érections qu'elle devinait sous les soutanes...

L'église était vide, mais la présence de Fanny emplissait encore les lieux ; éther qui, malgré l'aveuglement de ses proches, criait à qui voulait l'écouter qu'elle ne s'était pas tuée, criait à Cheryl de l'aider parce qu'elle seule le pouvait, et Cheryl se surprit à fermer les yeux pour tenter de s'approcher plus encore de cette jeune vie violée par la mort.

« Qui est-ce, Fanny ? demanda-t-elle en silence. Dis-moi son nom et je te promets la justice. »

– Excusez-moi, dit une voix d'homme tandis qu'un doigt lui tapotait l'épaule. Je dois fermer l'église, j'ai une messe à Vaylats et je suis déjà en retard.

Cheryl se retourna et devina... de la mollesse sous la soutane.

– Je voulais vous parler de Fanny, dit-elle de but en blanc.

– Tragique, tragique, dit le prêtre d'une voix sincère. Mais je ne la connaissais pas. Malheureusement, l'amour de Jésus-Christ se perd de nos jours, les enfants ne viennent plus au catéchisme. Heureusement que madame Lannuque se dévoue pour animer des kermesses et des fêtes où on voit quelques-uns des petits paroissiens... Mais, excusez-moi, je dois vraiment partir. Désolé de ne pouvoir vous aider...

Il commença à s'éloigner pour l'inviter à l'imiter.

– Et le carnaval ? demanda Cheryl en se levant.

Le curé s'immobilisa. Se retourna. Fronça les sourcils.

– Qui êtes-vous ? demanda-t-il.

– Pour ou contre ? interrogea Cheryl à son tour.

– Pour ou contre quoi, mon enfant ?

Voix mielleuse.

Ton suspect. Appuyé. Ils arrivèrent dehors : clef qui tourne, serrure qui grince.

– Pour ou contre le carnaval, bien sûr !

– Si vous voulez revenir demain, dit le prêtre très lentement. Et commencer par vous présenter, nous pourrons peut-être en discuter. J'ai horreur des conversations rapides, en tant que berger d'une communauté, on doit s'efforcer de prendre en compte tous les tenants et aboutissants d'un conflit, quel qu'il soit.

Puis il s'engouffra dans une Clio grise et Cheryl poussa un grand soupir. Pas la peine de revenir le lendemain, elle avait déjà compris. Elle n'avançait peut-être pas vite, mais plus elle posait de questions, plus elle était convaincue que la mort de Fanny et le carnaval de Saint-Sauveur étaient intimement liés.

Cheryl entra dans le Galopin mais le jeune brun n'y était plus. Derrière le zinc, un morse à moustaches grises surveillait d'un œil bienveillant tout son petit monde.

Jeannot, assis à une table, vit Cheryl et lui fit signe de s'approcher.

– Carole, je te présente Hervé. Il est de Dunkerque, lui, encore un immigré pour tes papiers. Et c'est son frangin que les flics recherchent en rapport avec la mort de Fanny. Carole est sociologue, Hervé, et elle s'intéresse beaucoup au dernier fait divers de Saint-Sauveur.

Hervé avait un coup dans le nez. Même plusieurs. Son coude avait du mal à tenir sur la table, sa tête à trouver appui sur la main, et ses yeux s'emplirent de larmes à l'évocation de son frère.

– Christophe, c'est un gentil garçon, bredouilla-t-il. Il ne ferait pas de mal à une mouche. Et puis, il ne sait même pas se servir d'un pistolet.

– Il est où, ton gentil frangin, alors ? insista Jeannot. Déconne pas, Hervé, tu dois savoir où il irait se cacher en cas de coup dur.

– C'est un gentil garçon, répéta Hervé.

Jeannot soupira. Il ne jouait plus du tout son personnage de folle ; il était posé et sérieux.

– Pourquoi se cache-t-il s'il n'a rien fait ? demanda Cheryl d'une voix innocente.

Jeannot la regarda longuement avant de répondre.

– T'es gentille, Carole, mais ou t'es un peu nunuche, ou tu prends vraiment les autres pour des cons. Pourquoi les gens se cachent-ils en général ?

– Ne ferait pas de mal à une mouche, répéta Hervé.

– Parce qu'ils ont commis un crime, proposa Cheryl avec un sourire éblouissant.

– Ou parce qu'ils ont vu quelqu'un d'autre en commettre un et qu'ils ont peur, proposa Jeannot. Demande-lui, toi, à l'autre abruti. Ça fait une demi-heure qu'il me bassine avec ses «pas de mal à une mouche». Peut-être qu'une voix de gonzesse le réveillera.

Cheryl se tourna vers son voisin de table qui pleurait en silence.

– Hervé ? Il est où Christophe ? Où est-ce qu'il se cache ?

– Va te faire foutre, lui répondit Hervé en bavant. Christophe, y n'aime pas les filles.

– C’est Jeannot qui veut le savoir, insista Cheryl malgré tout. Jeannot veut aller le retrouver.

– Eh ben y peut pas. Voilà. C’est trop tard, il est parti. Il est gentil, Christophe.

Puis le coude de Hervé glissa et sa tête heurta la table et ne bougea plus.

– Putain de merde, murmura Jeannot.

Puis à Cheryl :

– Si tu veux que je te ramène chez Robin, j’y vais à l’instant. Profites-en.

Cheryl demanda une seconde d’attente, le temps de téléphoner à sa mère, mais il n’y avait toujours aucun appel de la part de Gabriel.

– Ce n’est plus de la fatigue, murmura Cheryl. C’est de la négligence criminelle. Eh bien, il va voir, le Poulpe ! Je ne vais tout de même pas me mettre au frigo en attendant que l’appétit lui revienne !

– Ça marche comment, exactement, un serveur Minitel ? demanda Cheryl, installée dans la 405 de Jeannot.

– C’est tout con, en fait. Tu fais le 3615 code Pigeon et tu tombes sur une liste de pseudos. Tu tapes le numéro de celui avec lequel tu veux te branler, tu entres ton pseudo à toi, et soit tu tombes chez un autre client, soit directement au serveur, c’est-à-dire chez moi. Il y a des nuits où j’entretiens cinq ou six conversations plus ou moins pornographiques pendant des heures. À la fin, je me mélange les pédales entre les personnages, je ne sais plus si je suis homo, lesbo, hétéro ou moine franciscain ! Le délire, quoi.

Cheryl fronça les sourcils.

– Parce que tu les inventes, les personnages ?

Il la regarda d'un air incrédule.

– Mais bien évidemment que je les invente. Le but, c'est de faire casquer un max d'unités téléphoniques au pigeon. Plus il reste branché, plus je touche de fric. Alors j'ai un éventail pour tous les goûts.

– Et ça marche ?

– Bien sûr que ça marche, sinon je ne le ferais pas. Faut se les coltiner les écrans Minitel à longueur de nuitée ! Tu n'as jamais essayé le Minitel rose ?

Cheryl secoua la tête.

– Je préfère mes amants en chair et en os.

– Moi aussi, poupée. D'ailleurs, le plus souvent, je m'inspire de personnages bien réels pour mes pseudos. Des anciens amants, ou ceux avec qui je voudrais bien, mais qui ne sont pas sur la même longueur d'ondes. J'en ai même inventé un qui s'appelait Mozart. C'était Robin tout craché, sauf que je l'ai légèrement inverti. Et le plus drôle, c'est que, dans une soirée à Cahors, Robin s'est fait brancher par un type fou amoureux de son pseudo. Le type l'a reconnu et le pauvre Robin a eu un mal fou à le convaincre qu'il ne mangeait pas de ce pain-là. Entre nous, je me demande même s'il n'y a pas goûté, vu l'amour aveugle que l'autre nourrissait à son égard. Il a l'air droit, comme ça, le père Robin, mais enfin...

Cheryl éclata de rire.

– Il faut le lui demander !

– Jamais de la vie ! T'imagines que ça lui plaise ? Avec l'appétit qu'il a pour la chose, je ne m'en débarrasserais jamais !

Cheryl faillit se lécher les babines, mais se retint à temps et la 405 s'immobilisa devant le tipi en bois.

– Bouche cousue, hein ? dit Jeannot en descendant de voiture.

– Muette comme une carpe ! le rassura Cheryl.

En fin de journée, avait dit Raymonde, alors Cheryl repartit après avoir dégusté un thé à la bergamote chez Robin. De toute façon, elle avait la nette impression d'être de trop, que ces deux-là avaient des choses à se dire qui n'attendaient que son départ pour pouvoir s'exprimer. Elle en fut même un peu jalouse, puis se dit que sa relation ambiguë avec Robin attendrait bien le soir pour s'épanouir.

Elle reprit, donc, la marche, bien décidée à profiter du silence et de la solitude en pleine nature, mais à peine le tipi hors de vue, elle tomba sur Pierrot le fou qui avait l'air beaucoup moins déglingué que la veille.

– Ça va mieux ? demanda-t-elle.

– Tiens ! La belle sociologue, dit-il, le regard perdu dans le vague et le verbe pâteux. Mademoiselle se promène toute seule dans les bois ? Mademoiselle devrait faire attention. On ne sait jamais quel genre de fauves se cachent dans le coin.

– T'inquiète donc pas pour moi, sourit Cheryl. Je sais me défendre.

– Ah oui ? Aïkido ou jiu-jitsu ?

– Karaté. Pendant plus de dix ans.

Et pour preuve, elle lui fit sauter la cigarette de la main à l'aide d'un *mai guéri* parfaitement réussi.

– Holà ! protesta Pierre. C'est pas de moi qu'il faut te méfier. Moi, je ne suis qu'une lavette, un pauvre type, un moins que rien. T'as qu'à demander à Mariette.

Perche tendue.

Tu l'attrapes ou tu l'ignores.

Cheryl était impitoyable à bien des égards, mais Pierre avait l'air tellement abattu. Ce fut son cœur d'infirmière qui prit le dessus.

– Ça va si mal que ça ? Et qu'est-ce que tu as pris comme saloperie ? Tu tiens à peine debout.

– C'est des cachetons que le toubib a donnés à Mariette, mais c'est pas elle qui en a besoin ! C'est pas elle qui s'est engueulé avec Fanny ce soir-là, qui lui a dit de ne pas revenir avant d'avoir quelque chose d'intelligent à dire. Ce n'est pas elle qui a envoyé la petite à sa mort !

Il sanglotait, de grands hoquets sans larmes, et Cheryl lui mit le bras autour des épaules pour le faire bouger.

– Viens, on va marcher un peu et tu me racontes tout ça, d'accord ? Pourquoi cette dispute avec Fanny, pour commencer ?

Pierre avala de grandes goulées d'air et, tout en avançant, se mit à parler.

– À cause de ce putain de carnaval, comme toujours. On était en train de préparer une manif, on allait l'appeler la fête du non-carnaval, mais il y aurait des animations, un défilé, un bonhomme carnaval et tout. Pour protester contre l'interdiction, tu comprends. On allait faire venir la presse, la télé et tout, et le maire aurait vraiment l'air d'un con parce que le bonhomme carnaval, c'était lui, sa tête et tout, mais habillé en tutu rose, tu vois le genre. Yves Lannuque, il s'appelle, alors on avait baptisé le bonhomme Yvette l'Eunuque. C'est Jeannot et Mariette qui le construisaient dans la vieille grange qui a brûlé. Enfin, bref, Fanny est rentrée du collège en disant que le neveu à Lannuque qui est dans sa classe était au courant pour le bonhomme et que ce n'était plus la peine de le faire. Moi, je lui demande comment ça se fait qu'il est au courant, et je lui dis que si c'est elle qui a fait foirer notre blague, elle aura de mes nouvelles. Elle me jure que non, bref, le ton monte et elle me dit que c'est pas la peine de faire une fête, si c'est pour blesser des gens ou un truc comme ça. Alors je lui ai demandé si sa connasse de prof ne la blessait pas, et que c'était contre des gens comme ça qu'on se battait, et elle s'est tirée, voilà.

Pierrot se remit à pleurer, et gémit :

– Elle s'est cassée à cause de moi, à cause d'un putain de bonhomme carnaval, et c'est pour ça qu'elle est morte ! Elle est morte dans la grange avec lui, elle a brûlé avec lui, putain !

Cheryl le calma pendant quelques minutes, puis demanda :

– Alors, explique-moi pourquoi Robin tient absolument à ce qu'elle se soit suicidée.

– Elle ne s'est pas suicidée, hurla Pierre. Et c'est pas la faute à Christophe non plus. Il était peut-être un peu zarbi des fois, mais c'est pas un mec à tuer qui que ce soit ! C'est eux qui l'ont tuée, c'est eux !

– Qui ça, eux ?

– Cet enfoiré de maire ou ses connards de conseillers municipaux qui connaissent rien à la culture et encore moins à l'humour. Regarde Jeannot, il est au tribunal à cause d'eux, putain !

– Parle-moi de cet article. Qu'est-ce qu'il disait, exactement ?

– C'était un délire autour du 36 15 l'Eunuque. Un genre d'invitation à rencontrer des hommes avec une belle voix et sans hormones, tu vois le truc : l'humour à Jeannot, quoi. Lourd, gras, scabreux, tout ce que tu veux, mais ça reste de l'humour. Lui non plus ne ferait pas de mal à une mouche. C'était comme les guignols de *Canal Plus*, sauf que lui, il est tout seul, il ne passe pas à la télé, et Lannuque se croit le roi de la planète.

Cheryl soupira.

– Eh bien, pour des mecs pacifistes, vous avez quand même réussi à pousser la guerre froide jusqu'aux limites du supportable. C'est plus un havre de paix, ici, c'est un puits de haine !

– La haine, chérie, c'est eux qui l'ont. Eux, ils peuvent nous traiter de parasites et de drogués, ils peuvent essayer de faire supprimer des RMI, d'empêcher les propriétaires de nous louer leurs baraques, de nous interdire toute forme de réunion publique, de fête, de moyen de décompression collective, mais si on a le malheur de faire un jeu de mots à connotation vaguement homosexuelle autour du patronyme du maire, c'est le grand scandale. Un peu exagéré, non ?

– Oui, admit Cheryl. Un peu exagéré.

5

Le couple Lannuque l'attendait de pied ferme, voyait déjà s'amonceler les dollars sur leur compte en banque suisse. Monsieur le maire était un homme séduisant aux cheveux gris argent, un regard bleu et intelligent. Plus intelligent que sa femme, sans aucun doute. Plus méfiant, aussi.

– Qui sont exactement vos employeurs, mademoiselle de La... Pieuvre ? C'est ça ?

– Tout à fait, acquiesça Cheryl avec un sourire radieux. Mais ce ne sont pas mes employeurs, monsieur... Lannuque ? Nous sommes tous associés à parts égales dans nos investissements. Et mes associés tiennent à leur anonymat.

– Je vois, sourit le maire.

Sourire condescendant.

– Et vous cherchez un terrain, c'est cela ?

– Je cherche, dit Cheryl lentement en essayant de se rappeler le nombre de mètres carrés dans un hectare, une propriété avec un bâtiment déjà existant nous permettant d'accueillir entre vingt et trente pensionnaires en chambre individuelle. Il faudra des pièces pour le personnel administratif, également, et un parc agréable autour. En gros, un petit château.

Le maire fronça les sourcils.

– Dans ce cas, je ne vois pas en quoi vous gênent les habitants du Bois Gros…

– Effectivement, coupa Cheryl, tandis que la femme du maire donnait un coup de coude supposé discret à son mari. Mais comme les châteaux à vendre sont rares, mes associés et moi-même avons envisagé la possibilité de faire construire un complexe de style datcha russe, vous voyez le genre ?

Hochements de tête.

– Et, dans ce cas, poursuivit Cheryl, un endroit comme le Bois Gros serait absolument parfait. Sans les habitants actuels, cela va sans dire. Et, à ce propos, votre femme semblait entretenir l'espoir de les voir déménager d'ici peu…

Lannuque lança un regard noir en direction de sa femme qui sourit.

– Ils font vraiment mauvais genre, insista Cheryl. Cela gâche complètement un cadre autrement assez idyllique. Vous devriez pouvoir vous en débarrasser, non ? Un maire est tout de même maître dans sa commune…

Silence.

– D'autant plus qu'un de leurs rejetons vient de se donner la mort, d'après ce que l'on raconte…

Là, le regard du maire vira du noir au vert. Vert pomme de cirrhose avancée. Et ce fut d'une voix tremblante qu'il demanda :

– Qu'insinuez-vous au juste, mademoiselle ?

Cheryl feignit la stupéfaction.

– Mais… Rien du tout, monsieur. Je vous

propose simplement une transaction immobilière.

– Ce que vous me proposez, dit Lannuque d'une voix congelée, est de profiter du malheur de pauvres gens pour pratiquer une saisie illégale du terrain dont ils sont propriétaires. Et votre histoire me paraît plus que douteuse. Je vous souhaite le bonsoir !

Cheryl partit.

Cheryl se dit qu'elle aurait dû le jouer plus en finesse.

Cheryl enjamba le muret en pierre sèche et s'approcha des portes-fenêtres qui donnaient sur la terrasse.

Cheryl se dissimula derrière un grand pot de fuchsia et écouta.

Cheryl trouva que les rôles étaient nettement renversés depuis la prestation publique donnée à son intention.

– T'es totalement idiot, mon pauvre Yves, disait la mairesse. Elle était *suspecte,* dis-tu ? Mais tu te crois en plein roman d'espionnage ! Qui, je te le demande, s'inquiète du *suicide* d'un enfant de *hippies* qui ne vivent que grâce à *l'aumône* de l'État ? Ils me font bien rire avec leur revenu minimum d'insertion, tiens ! Ces gens-là n'ont aucune envie de s'insérer où que ce soit ! Ils ne veulent que se droguer et perturber la vie d'honnêtes citoyens qui, eux, *travaillent* pour avoir de l'argent !

– Raymonde...

– Ne commence pas avec tes Raymonde ! Si

ce n'était pas pour mes frères, tu serais dans de beaux draps, mon pauvre ami !

– Mais je ne l'ai pas tuée…

– Je ne te parle pas de ça, mais de tout le reste ! La petite s'est *suicidée,* ce n'est pas *elle* le problème.

– Je ne suis pas si sûr que…

– Tu n'es jamais sûr de rien, pauvre idiot. Dès demain matin, tu téléphoneras à cette charmante jeune personne…

– Mais je ne peux pas les faire partir de ce terrain. Ils l'ont *acheté,* tu comprends. Ils en sont *propriétaires*. En toute légalité.

– Quand on veut, on peut, dit sa femme d'un ton buté. Tu trouveras bien quelque chose. Une autoroute, par exemple…

– Raymonde…

Cheryl s'éloigna, légèrement perplexe. D'après leur conversation, les Lannuque étaient quand même impliqués de près dans la mort de Fanny, sans pour autant en être responsables. Par contre, elle avait très envie d'aller voir les frères de madame la maire.

Lorsqu'elle arriva de nouveau chez Robin, la nuit tombait et le propriétaire des lieux était absent. Cheryl se dirigea vers la cabane, bien décidée à prendre une longue douche chaude pour se laver de l'odeur du parfum de madame Lannuque. Avant même de pousser la porte de la cabane, elle entendit des sanglots venir de l'intérieur. Décidément, c'était la journée.

La fille était grande, de longs cheveux roux

qui, de près, étaient visiblement teints au henné. C'était la femme aux yeux rougis de l'église, la mère de Fanny. Elle leva la tête, regarda Cheryl et sanglota :

– Ne me laissez pas toute seule ! J'ai peur, j'ai tellement peur !

La mère de Cheryl, qui devait avoir des ancêtres anglais, disait toujours qu'en cas de crise d'hystérie, rien ne valait une bonne tasse de thé. Cheryl fit donc bouillir de l'eau sur le réchaud à gaz et versa le liquide bouillant sur des feuilles qui sentaient vaguement le jasmin, trouvées dans un bocal sous l'évier.

Elle alluma ensuite une cigarette et la mit de force entre les lèvres de la jeune femme qui, une fois calmée, paraissait presque trop jeune pour avoir une fille de quatorze ans. Pour avoir eu.

– J'avais seize ans à peine quand je me suis retrouvée enceinte de Fanny, expliqua-t-elle. Rachid habitait la même cité que moi, on était aussi paumés l'un que l'autre, j'étais nulle à l'école, malheureuse chez mes vieux, alors on s'est dit merde, on se casse, on garde le bébé, on verra bien. J'ai accouché à seize ans et demi. Rachid était plus âgé que moi, il se piquait mais pas trop. Il dealait de l'héroïne, on avait des thunes, un appart qui donnait sur la mer, à Marseille, c'était génial. Ça a duré trois ans, jusqu'à ce qu'il se fasse gauler par les flics, et là, j'ai compris. Plus de fric, plus d'amis, virée de l'appart avec Fanny sur les bras. J'avais dix-neuf ans et je ne savais rien faire, alors j'ai galéré.

Petits boulots de saison, serveuse et tout le reste. J'étais naïve, tu comprends ? Je ne croyais pas au mal, et tant que tu n'y crois pas, le mal se démerde pour te montrer qu'il est bel et bien vivant ! J'ai tenu pour Fanny, uniquement pour elle. J'ai jamais touché à la dope à cause d'elle. Des fois, je chialais, et c'était elle qui me réconfortait, qui me prenait dans ses bras et me disait de ne pas m'inquiéter. «Papa reviendra, tu verras», elle disait, ce petit bout de cinq ou six ans. «Il faut avoir confiance, c'est tout.»

«Rachid finit par sortir de taule, mais ce n'était plus pareil entre nous. Lui, la prison l'avait changé et moi, j'avais grandi. J'avais perdu mes illusions. Quand il me parlait de Las Vegas, ça ne prenait plus, tu comprends ? Il avait aimé une gamine et se retrouvait avec une femme qui le ramenait sans cesse à la réalité. Californie ? O.K., Rachid, mais le loyer, t'y penses ?

«Puis il est tombé malade, et là, le rideau est tombé. Sida. S.I.D.A. Tu sais ce que ça veut dire, Carole, de vivre avec un type qui se sait condamné ? Qui te répète sans cesse qu'il crève à petit feu ? C'était l'enfer. J'ai pas tenu, je n'ai pas pu. J'ai emmené la petite et je l'ai laissé dans la merde. D'accord, il allait mourir et c'était terrible, mais Fanny et moi, on allait continuer à vivre après sa mort et ça, pour moi, c'était plus terrible encore, mais il ne pouvait pas comprendre.

Elle s'interrompit, son regard se perdit dans le vide. Cheryl alluma une autre cigarette et la lui tendit.

– Les mecs, Carole, c'est vachement égoïste, finalement, sous leurs airs de Zorro. Si je me savais mourante, je m'inquiéterais surtout pour mes filles. Pour Pierrot, aussi. Mais certainement pas pour moi.

Elle soupira et tira longuement sur la cigarette.

– Enfin, j'ai quitté Rachid et je me suis fait traiter de salope par tout le monde et j'ai sauté sur le premier mec venu. Pierre, en l'occurrence. Pierrot le fou. Je ne peux pas dire que je l'aime mais il est là, c'est le père des petites. De toute façon, je crois que je suis incapable d'aimer de nouveau. J'aimais ma fille, je te le jure, Carole. J'aimais Fanny plus que tout au monde. Si je suis restée avec Pierre, c'était pour elle. Si j'ai eu les petites, c'était pour qu'elle ne soit plus toute seule. Et maintenant, ils me l'ont enlevée. Qu'est-ce que je vais faire ?

– Tu vas commencer par te calmer, dit Cheryl d'une voix ferme. Pierre s'occupera des petites ? Très bien, alors tu vas prendre une douche, puis tu vas te coucher, ici, et tu me parleras de Fanny, toute la nuit si tu veux.

Cheryl aida Mariette à se déshabiller et lui régla l'eau de la douche, comme pour un enfant. Elle ne savait pas quoi dire. D'ailleurs, il n'y avait rien à dire, rien à comprendre. C'était la vie.

«Pourquoi vouloir échanger le sage ne-pas-comprendre de l'enfant contre lutte et mépris, puisque ne pas comprendre c'est accepter d'être seul et que lutte et mépris, ce sont des façons de

prendre part aux choses mêmes que l'on veut ignorer ?» disait Rilke.

Cheryl remit la bouilloire à chauffer, versa l'eau chaude sur d'autres feuilles de thé qui sentaient vaguement le jasmin, entoura Mariette de sa propre serviette de bain, l'installa dans le lit et écouta. Sans chercher à comprendre.

– Fanny adorait Pierre, dit Mariette. Mais il ne comprenait pas. Il avait tellement peur de ne représenter qu'un symbole à ses yeux, un ersatz de père, qu'il refusa cet amour, la renvoya sans cesse à son vrai père, et Rachid a fini par mourir, loin d'ici. On nous a prévenus par téléphone, et Fanny ne voulait pas aller à l'enterrement. Je n'ai pas insisté.

Plus tard :

– Elle ne s'est pas tuée, Carole, je le sais. Tout ça, c'est de la faute au carnaval, ou à ceux qui n'en veulent pas, je ne sais plus. Une simple fête au départ, une occasion pour tout le monde de décompresser. Un fabuleux effort collectif pour transformer un village banal en lieu de rêve. Je ne comprends pas que ça ait pris une telle ampleur. Je ne comprends pas toute la haine qui tourne autour de ça. Je ne comprends pas la répression à la limite du fascisme du maire, je ne comprends pas les éditos scatologiques de Jeannot. Il y a sûrement autre chose là-dessous. *Il doit* y avoir autre chose ! Ma Fanny n'est quand même pas morte pour un carnaval ?

Mariette finit par s'endormir et Cheryl, après s'être douchée, et vêtue uniquement d'un long tee-shirt à l'effigie de Marilyn, remonta le chemin vers le tipi en bois. Besoin de réconfort, elle aussi. Besoin de bras pour la tenir. Besoin d'homme. Tout était calme, les lumières éteintes. Cheryl grimpa l'échelle meunière vers la première mezzanine : vide. La seconde, idem. Le beau Robin avait découché. Avec un soupir de déception, Cheryl repartit vers la cabane et s'allongea à côté de Mariette.

Impossible de dormir.

La pleine lune, sans doute.

Ou le sentiment de manquer quelque chose d'important.

Ou un désir d'homme inassouvi.

Allez savoir.

Toujours est-il que Cheryl se releva, s'habilla et repartit à pied dans une campagne aux reflets d'argent, une lumière magique. Elle était encore pleine de la douleur de Mariette, et même Rilke, lu sous le clair de lune, ne lui fut d'aucun réconfort.

« Enclins à ne voir dans l'amour qu'un plaisir, les hommes l'ont rendu d'accès facile, bon marché, sans risques, comme un plaisir de foire. Combien d'êtres jeunes ne savent pas aimer, combien se bornent à se livrer comme on le fait couramment (bien sûr, la moyenne en restera toujours là) et qui ploient sous leur erreur ! »

Cheryl inspira profondément l'air humide de la nuit printanière et se mit à marcher en direction de la maison du maire.

Prémonition ? Instinct ? En tout cas, elle ne fut pas autrement surprise en voyant garé, juste hors de vue de la grande demeure, le VW de Robin derrière une haie de buis.

– Voilà pourquoi tu ne veux pas que je fouille trop profond, murmura-t-elle. J'espère que madame le maire s'occupe bien de toi cette nuit, parce que si elle a quoi que ce soit à se reprocher concernant la mort de Fanny, tu vas te retrouver sans lieu d'accueil très bientôt, cher Robin.

Elle faillit faire demi-tour, mais quelque chose la poussait en avant cette nuit-là, et elle entra dans le parc en enjambant le muret comme elle l'avait fait l'après-midi même après s'être vu proprement mettre dehors.

Une fenêtre de rez-de-chaussée était éclairée, une petite fenêtre de l'autre côté du grand salon, et Cheryl s'approcha en remerciant silencieusement les Lannuque de ne pas aimer les chiens.

Elle s'attendait à être témoin d'une étreinte amoureuse. Elle le fut, mais pas du tout dans le sens qu'elle imaginait. Seul, dos à la fenêtre, monsieur le maire tapait sur l'écran du Minitel, et Cheryl put lire par-dessus son épaule :

«Message de coucou à Lutine

«Avec le printemps me vient l'envie de pondre un œuf dans ton nid. Dis-moi où et quand et je survolerai ton arbre.»

ENVOI

Le message disparut pour se faire remplacer par un logo et le texte : «Choisissez votre correspondant». Lannuque appuya sur une touche et Cheryl le regarda composer un autre texte, tout aussi lourd de sous-entendus, et adressé au même correspondant.

Elle s'éloigna de la fenêtre et s'assit lourdement dans une ombre lunaire. Ainsi, le cher maire s'amusait au Minitel rose pendant que sa femme s'envoyait un des néo-ruraux qu'elle prétendait tant haïr. Hallucinant ! Cheryl aurait donné cher pour pouvoir se glisser par le trou de la serrure de la chambre de Raymonde. Ou peut-être pas. Le spectacle imaginaire de la grande femme à la coiffure parfaite dans les bras de son Robin hirsute ne l'enchantait pas plus que ça. Surtout qu'une petite heure auparavant, elle s'était vue elle-même tenue dans ces mêmes bras...

«Allez, Cheryl, concentre-toi. T'es venue ici pour rendre justice à Fanny, non pas pour te venger de l'indélicatesse du Poulpe à ton égard en sautant dans le lit du premier venu. Si le Robin les préfère près de la retraite, de toute façon, tu gaspillerais tes dons avec lui. Alors occupe-toi de Fanny et oublie les à-côtés du métier.»

Après cette remise au point, Cheryl se sentit mieux. Après tout, elle avait appris une information de première importance : Lannuque était amateur de Minitel rose et entretenait une relation apparemment passionnelle avec une nommée Lutine. Restait à découvrir qui était la lutine. Elle n'avait toujours pas bien compris le fonctionnement du serveur, mais elle se dit que Jeannot Lapine allait certainement pouvoir l'aider.

Et Fanny dans tout ça ? Elle avait vraisemblablement prévenu le neveu du maire du canular qui l'attendait, et Pierrot avait de quoi être fou de rage. Il aurait très bien pu la suivre, l'abattre dans un accès de folie meurtrière, puis brûler la grange pour maquiller le crime en suicide. Ce qui n'expliquait pas le fait que Christophe se soit enfui. À moins qu'il ne soit parti pour ne pas avoir à dénoncer son ami. C'était un peu tiré par les cheveux.

Cheryl se leva et commença à faire le tour de la propriété. Elle prit la route principale, cette fois, n'ayant pas envie de repasser devant le VW de Robin. Et puis, c'était bien plus court par la départementale.

Elle entendit la voiture de loin, elle avait largement le temps d'enjamber le muret une fois de plus et se cacher dans le jardin du maire, mais elle ne le fit pas. Elle était plongée dans ses réflexions et hypothèses, et trop habituée aux bruits de la circulation pour se méfier d'une voiture de plus…

Les pleins phares l'encadrèrent et l'épinglèrent contre la nuit. Elle leva une main pour se protéger les yeux et ne vit pas la voiture ralentir. Puis une portière la cueillit en plein ventre et elle fut projetée en arrière. Sa tête heurta la route, le souffle s'évacua de ses poumons en une explosion de douleur, et elle se retrouva immobilisée, les bras tenus sur le bitume, tandis qu'une voix tout sauf amicale lui demanda :

– Qu'est-ce que vous foutez là, vous ?

Cheryl aurait pu lui demander la même chose. C'était l'homme responsable de l'interruption de sa conversation intime avec Raymonde Lannuque. L'homme qui était venu chercher madame la maire parce qu'elle seule savait calmer. À présent, c'était Cheryl qui se trouvait calmée. Ils étaient deux à la tenir, plus le troisième qui approchait un visage rougi par l'alcool de plus en plus près du sien. Elle avait beau se concentrer, aucun coup de karaté ne lui venait à l'esprit.

– Je vous ai posé une question, dit le type en expirant et Cheryl fut submergée par une haleine lourde de mauvais rouge.

Elle évalua rapidement ses chances. Maigres. Le bluff, peut-être. Physiquement, à trois contre une, elle était largement battue. Elle roula les yeux en arrière et se mit à geindre, une plainte aiguë.

– Elle est blessée, Roger, dit celui qui lui tenait le bras gauche.

– Mon œil, oui, cracha Roger. Je roulais à dix à l'heure quand t'as ouvert la portière, et de toute façon, c'est bien elle. Yves a téléphoné au numéro sur sa carte de visite, il est tombé dans un putain de salon de coiffure, alors pour ce qui est de blessures ! Promoteur immobilier, mon cul ! J'sais pas ce qu'elle lui veut, à Yves, mais on ne va pas tarder à l'savoir ! Robert, va prendre des cordes dans le coffre, on l'embarque.

Cheryl se traita d'imbécile et même de triple imbécile pour avoir oublié de prévenir Claudine pour les coups de fil. Elle n'avait pas pensé une seconde que le maire allait vérifier.

« Ça, c'est une erreur que le Poulpe n'aurait pas commise, se dit-elle. Et tu vas avoir du pain sur la planche pour te sortir de là ! »

– Tu crois qu'elle est venue pour moi, Roger, dis, demanda celui à sa main droite qui la tenait dans une pogne d'acier. Tu crois que c'est un policier ? Tu crois…

– Ta gueule ! Contente-toi de la ficeler comme un beau petit poulet et ferme-la, je réfléchis.

Cheryl en profita pour essayer de déséquilibrer son ravisseur, mais il semblait bâti dans du béton. Elle examina ses trois assaillants : grands, plutôt costauds, vêtus de tenues de chasse, ils avaient le même type de visage long à la mâchoire lourde, le même accent du pays. Roger, Robert et l'autre, celui qui craignait les flics et qui était d'une force incroyable. Cheryl tenta de se grossir les muscles comme dans les films, mais le résultat fut plus que médiocre. On la ficela comme un poulet, les ailes derrière le dos, les jambes coincées au niveau des genoux. On la remit sur pied et la poussa vers la voiture où elle se retrouva prise en sandwich entre Robert et le pleureur tandis que Roger se plaça au volant.

– Dans très peu de temps, tu vas te mettre à chanter comme une pie, lui promit-il sans tourner la tête. On va bien s'amuser, tous les quatre, tu vas voir. Surtout que les frangins, ça fait un bout de temps qu'y z'ont pas goûté à de la chair fraîche !

Cheryl se tut. Il n'y avait que ça à faire, pour l'instant. Se taire et espérer… que tout ça n'est qu'un mauvais rêve. Se dire que, de tous ceux qui menacent les femmes de viol, rares sont ceux qui vont jusqu'au bout. Se dire que même s'ils essaient, ils se mettront en position de faiblesse. Se dire qu'il y a toujours le Laguiole miniature, cadeau de Gabriel, tapi au fond de la poche de son jean.

Se dire que Fanny compte sur elle.

La voiture roula pendant quelques minutes seulement, tourna souvent : petites routes bordées d'arbres, puis s'immobilisa devant une vieille maison de pierre. Roger coupa le contact et les autres la firent descendre. On ouvrit une porte au rez-de-chaussée et on la poussa à l'intérieur.

Sans les mains pour amortir le choc, Cheryl s'écrasa contre le sol en pierre, détourna la tête à la dernière minute pour éviter un nez brisé, et reçut le poids de son corps sur la pommette. Elle entendit un grand éclat de rire derrière elle, puis la voix de Roger ordonna :

– Richard, tu restes avec la pouffiasse. Si elle bouge, tu lui tires dessus. Nous, on va prévenir les autres.

La porte claqua, le silence retomba, et Cheryl s'efforça d'habituer ses yeux à l'obscurité. Essayer de voir dans le noir. C'était un peu ce qu'elle faisait depuis son arrivée à Saint-Sauveur. Pour le moment, le noir avait largement le dessus, du moins en ce qui concernait l'enquête, car dans la cave, baignée du clair de lune, on voyait plutôt bien, tout compte fait.

7

– Richard, dit Cheryl d'une petite voix plaintive. Vous êtes là ? Je ne vous vois plus. Je me suis fait mal aux yeux en tombant ! Je crois que je suis blessée. Peut-être même aveugle !

– Sshhtt ! répondit le saule pleureur. Faut pas faire de bruit ! Robert va se fâcher si on fait du bruit.

– Je ne veux pas faire de bruit, le rassura Cheryl en chuchotant. Je veux juste savoir que vous êtes là. Vous êtes bien là ?

– Ben, oui.

– J'ai peur dans le noir, Richard. J'ai vraiment très peur. Tu n'as pas peur du noir, toi ?

– Ben non !

Long rire gras.

– Ça n'existe pas, les fantômes !

Cheryl poussa son avantage.

– Comment tu le sais, hein ?

– Robert, y dit que ça n'existe pas.

– Mais si, ça existe, Richard. C'est pour ça qu'il ne faut pas rester dans le noir, qu'il faut aller chercher une lumière.

C'était la voix, cette voix geignarde qui demandait si elle n'était pas un policier, qui l'avait fait douter de la santé mentale du petit dernier. Sa façon de marcher, aussi, un peu lourdaud, comme si son corps à lui pesait bien plus que celui de ses frères. Et sa force : une force brute, nature. Effrayante.

Un débile, un imbécile, un handicapé mental, appelez-le comme vous voulez. Un pas-tout-à-fait-normal, en tout cas. Un atout, peut-être, si elle arrivait à le placer au bon moment.

– Oh non ! dit l'atout, pas si bête. Robert a dit de rester près de toi. De te sur-veil-ler.

– Pourquoi ?

Silence.

– Pourquoi dois-tu me surveiller, Richard ?

Elle le voyait bien à présent : ombre grise contre la noirceur ambiante. Il avait un fusil de chasse posé sur les genoux et la pommette de Cheryl commençait à enfler. Elle allait être belle à voir dans les jours à venir... si seulement on la revoyait.

Devant le silence confus du cerveau aux portes closes, elle reposa la question, plus lentement, puis ajouta :

– Qu'est-ce que j'ai fait de mal ?

– Oh ! Je ne sais pas, moi, dit Richard aussitôt en secouant la tête comme un chien qui sort de l'eau. Oh non ! Moi, je ne sais pas ! C'est à Robert qu'il faut demander ! C'est Robert qui dit ce qu'il faut faire !

– C'est Robert qui t'a dit de tuer Fanny ?

demanda Cheryl tout doucement. Tu la connaissais, Fanny, non ?

Quand Richard ne voulait pas répondre, il baissait la tête, comme un enfant qu'on gronde. Soumis et boudeur.

– Qu'est-ce que tu as fait à Fanny ? insista Cheryl. Pourquoi lui avoir fait du mal ? Elle était gentille, non ?

– Non, elle n'était pas gentille.

– Tu la connaissais, alors ?

– Mais non, je ne la connais pas, moi. C'est Robert qui a dit qu'elle n'était pas gentille.

– Et alors ?

– Alors, elle n'était pas gentille.

– Et vous lui avez fait quoi ?

Richard se leva avec une telle rapidité que Cheryl sursauta. Il se mit à crier, à hurler, et à brandir le fusil au-dessus de sa tête tandis que ses pieds restaient comme cloués au sol.

– Il ne faut *pas* parler de ça ! Je te l'ai *dit* déjà ! Il est *interdit* d'en parler ! Sinon, gare à toi ! Tu passeras la nuit *à la cave* avec de *gros rats* qui te mangeront le zizi. Tu la *fermes*, tu comprends ? *Tu la fermes !*

L'orage passa, aussi subitement qu'il était venu, et Richard s'assit calmement face à Cheryl.

Elle le regarda, son propre danger momentanément oublié. Elle se sentait triste pour ce grand enfant perdu au milieu de tant de haine. Ses paroles n'étaient pas de lui ; il répétait sans doute celles entendues tout au long de son enfance : mots de mépris et de méchanceté. Il savait ce qui était arrivé à Fanny, savait qui l'avait tuée, mais ne le dirait pas. De peur des rats.

Le jour se levait lentement sur le causse de Saint-Sauveur, filtrait par les petites ouvertures sans vitres percées dans les murs de la cave. Cheryl se demanda à qui était la maison. À eux, sans doute, aux trois frères. Elle se sentit tout d'un coup épuisée, écrasée par une histoire trop lourde, par trop de destins malheureux qui avaient pour point culminant la mort de la petite Fanny.

– Je ne te ferai pas de mal, Richard. Je te le promets, mais il faut que tu me dises, pour Fanny.

C'était ridicule. Elle attachée, impuissante, lui libre et armé d'un fusil de chasse, et c'était elle qui promettait de ne pas faire mal.

– Oh, non ! dit Richard. Robert, y veut pas.

– Et Roger ? Qu'est-ce qu'il en dit, Roger ?

– Roger, y sait pas tout. Faut pas lui dire, oh ça non ! Surtout pas ! C'est beaucoup mieux comme ça.

Cheryl ne comprenait rien.

– C'est Robert qui a tué Fanny ? demanda-t-elle de nouveau.

Silence.

– Et qu'est-ce que vous faisiez autour de la maison d'Yves Lannuque au milieu de la nuit ? Vous le surveilliez ?

Richard hocha vigoureusement la tête.

– Eh oui ! Faut surveiller la maison d'Yves ! Yves, il a une belle maison. Elle est grande, la maison d'Yves. Il a des sous, Yves. Il est très, très riche. Faut pas que des voleurs s'approchent de la maison d'Yves, ça non, monsieur ! Surtout pas. C'est une belle maison qu'il a, Yves.

Cheryl se demanda tout d'un coup si les deux autres allaient remarquer le camion de Robin garé près de la propriété et s'il allait avoir des problèmes à l'issue de sa nuit de cocufication.

«Bien fait pour lui, de toute façon. Il n'a qu'à s'occuper des filles de son âge plutôt que d'aller les ramasser dans les clubs troisième âge.»

Mais penser à Robin lui fit reprendre conscience de ses problèmes à elle. Mains attachées derrière le dos, Laguiole dans la poche avant. Faisable, avec une torsion suffisamment grande, mais Richard verrait tout de suite ce qu'elle essaierait de faire. Éloigner donc le gardien à tout prix. Pas si évident.

– Je crois entendre le téléphone, dit-elle tout d'un coup. Il faut aller répondre, Richard, vite, c'est peut-être Robert qui appelle !

Mais Richard ne bougea pas.

– Ah non ! *On ne doit pas toucher au téléphone !* Le téléphone, c'est Robert et Roger qui s'en occupent. Pas touche, tu comprends ?

Raté.

– Attends ! Je crois que j'entends quelqu'un dehors ! Vite ! Va voir !

Cette fois, ce n'était pas une ruse. Le bruit sec d'une brindille qui casse venait de s'élever devant la cave, et, comme pour appuyer les craintes de Cheryl, la porte s'ouvrit lentement dans un affreux grincement de gonds rouillés.

– Sauve-toi ! hurla Cheryl en poussant son avantage. Cache-toi ! C'est les fantômes qui viennent te chercher !

Richard, sans vraiment croire aux fantômes, ne savait cependant plus quoi faire. Il se leva, s'approcha de la porte avec maintes précautions, centimètre par centimètre...

Cheryl se tordit les épaules et parvint à se saisir du petit couteau qu'elle cacha aussitôt derrière son dos avant de l'ouvrir. La corde était épaisse et vieille.

– Va voir dehors, Richard ! insista-t-elle. Il y a quelqu'un dehors, quelqu'un de méchant qui veut t'enfermer avec les rats !

Richard fit un pas de plus vers la porte de la cave, l'ouvrit en grand du bout de son fusil et trébucha lorsque le fusil lui fut arraché des mains.

La corde céda, mais Cheryl décida d'attendre la suite.

– Donnez-moi mon fusil ! gémit Richard. Faut pas me prendre mon fusil ! Je vais le dire à Roger que vous m'avez pris mon fusil ! Je vais le lui dire et il vous enfermera dans la cave avec les rats qui vous mangeront le zizi.

– Oui, c'est ça, dit une voix que Cheryl connaissait bien. Mais moi, ton Roger, je n'en ai pas peur, tu vois ? Alors tu vas gentiment détacher la jolie dame là-bas et puis nous irons quelque part de tranquille pour discuter tous les trois.

Robin.

Qui entra dans la cave, le fusil de Richard à la main.

Cheryl, estomaquée, se leva et tendit ses deux mains libres de tout lien.

– Merci, mais la jolie dame s'est détachée toute seule. Si elle devait attendre l'arrivée de la cavalerie à chaque fois, elle serait morte et enterrée depuis belle lurette. Robin des bois, je présume ?

– Lui-même, sourit le sauveteur. Et toi, tu n'es pas Carole, la chercheuse en sociologie. Tu ne t'appellerais pas Marianne, par hasard, ça m'arrangerait ?

– Malheureusement, non. Je ne suis pas non plus la fille du shérif de Nottingham, ou sa nièce, ou je ne sais plus qui. Ceci dit, pour coller à la légende, Robin ne devrait pas baiser la femme du shérif.

Le grand comédien fronça les sourcils.

– Quoi ?

– J'ai vu ton camion près de la maison Lannuque cette nuit. Et pendant que tu t'envoyais sa femme, le maire se consolait avec son Minitel. Je comprends mieux pourquoi tu tiens tant au suicide de Fanny !

Robin soupira.

– Il faut qu'on parle, tous les deux, mais pas ici. J'ai peur qu'on ne soit bientôt interrompu. J'ai déjà perdu assez de temps pour te retrouver : je savais qu'ils ne t'avaient pas emmenée loin parce qu'ils étaient de retour presque de suite, mais j'ai quand même dû visiter une bonne dizaine de granges et de gariottes depuis que je les ai vus t'embarquer.

Il s'approcha de Cheryl, lui toucha la pommette.

– Mais t'es blessée. Ils t'ont frappée, ces salopards ?

– Non, ils m'ont juste un peu bousculée, dit Cheryl tandis que son cœur marquait un temps d'arrêt. Sortons d'ici, veux-tu. Je n'ai pas très envie d'attendre le retour des frères Karamazov.

Puis elle se tourna vers Richard qui attendait, tétanisé.

– Et lui, on en fait quoi ?

– On l'emmène.

Robin fit demi-tour, pointa le fusil sur Richard.

– Allez, bonhomme. On va se promener.

– Robert ne sera pas content, les prévint le bonhomme en question.

– Mais si, le rassura Robin. Robert, c'est mon grand copain. Allez, marche !

Dehors, le soleil se levait tout juste au-dessus des cimes des chênes. Les oiseaux vaquaient à leurs occupations d'oiseaux : nids à construire, œufs à pondre, vers de terre à attraper... C'était beau, paisible. La paix de la nature en marche. La campagne, quoi.

Cheryl bâilla.

– Tu sais conduire ? demanda Robin tandis qu'ils traversaient un bosquet de genévriers.

– Oui, bien sûr.

– Alors, prends les clefs du camion. Je monte derrière avec l'ami Richard. Je ne voudrais pas qu'il te saute dessus dans la voiture.

– Je sais me défendre, fit remarquer Cheryl d'un air boudeur.

– Ouais, j'ai remarqué. Tu n'étais absolument pas en danger là-bas, dans la cave…

– Pour te rassurer, je n'étais plus attachée depuis un longtemps déjà. J'attendais simplement le moment idéal pour partir.

Elle hésita.

– Je ne voulais pas faire de mal à Richard, c'est tout.

– Alors, tu attendais le retour des frangins, juste pour te prouver à toi-même que tu n'avais pas peur et que tu savais te tirer de situations épineuses, dit Robin d'une voix sarcastique. Ou alors, tu ne prends ton pied qu'en te faisant violer par de gros bouseux alcooliques.

– T'es vulgaire, répondit Cheryl. Et pour quelqu'un qui passe ses nuits dans le lit d'une octogénaire, t'es plutôt mal placé pour critiquer les goûts sexuels des autres.

Robin se mit à rire.

– Parce que tu crois vraiment que j'étais en train de m'envoyer la mère Lannuque ? T'es complètement folle, ma pauvre Carole… si c'est vraiment Carole que tu t'appelles.

– Carole ira très bien, dit Cheryl. T'as peut-être une meilleure explication pour justifier de la présence de ton camion devant la maison du maire au milieu de la nuit ?

– La meilleure explication qui soit, ma petite.

Je cherchais à savoir qui a tué Fanny et pourquoi. Et quand je serai tout à fait sûr, je le lui ferai payer, crois-moi.

7

Mariette dormait encore quand ils arrivèrent à la maison de Robin. Alors, ils installèrent Richard sur un matelas dans la deuxième mezzanine, enlevèrent l'échelle pour l'empêcher de se sauver et firent du café. Cheryl examina ses blessures dans la glace qui pendait au-dessus de l'évier.

– Tu veux de l'alcool ?

– Non, c'est juste un hématome.

– Alors dans ce cas, autant commencer tes explications. Je veux tout savoir, je te préviens. Ce que tu fais à Saint-Sauveur, qui tu es. T'es quoi, au juste ? Flic ?

– Non, pas flic. C'est assez difficile à expliquer, d'ailleurs.

– Essaie toujours, je suis bon public.

Cheryl raconta une histoire, c'était plus fort qu'elle, elle ne pouvait pas lui dire la vérité. Elle s'inventa des parents assassinés quand elle avait douze ans, crime jamais résolu, pas besoin de gagner sa vie grâce à une assurance prévoyante, un désir de voir triompher la justice. Elle ne parla pas de Gabriel, ni de Gérard, ni du Pied de Porc à la Sainte-Scolasse. Elle parla encore moins de son salon de coiffure et de ses parents, bien vivants dans leur retraite méritée à côté de Nîmes.

Elle se créa un passé à la Poulpe, voilé de mystère.

– Alors quand j'ai lu le récit sur le suicide-pas-vraiment-très-clair de Fanny, je me suis dit que la petite avait besoin de moi.

– C'est un peu facile, non ? interrogea Robin. Attendre qu'un crime soit commis pour aller brandir ton épée. Tu ferais mieux d'investir tes thunes dans la prévention, construire une salle de sport pour les gamins de la banlieue, je ne sais pas moi… Faire de la politique, te battre pour quelque chose qui en vaut la peine.

– Fanny en vaut la peine, se défendit Cheryl.

– Bien sûr. Mais elle est morte.

– En gros, tu me dis de m'occuper de mes oignons ?

– En gros, oui. C'est pas en débarquant ici avec une histoire à dormir debout que tu risques de comprendre quoi que ce soit au film. La petite guerre froide qui nous oppose au maire de Saint-Sauveur remonte loin. La preuve : tout ce que t'as réussi à faire c'est de te faire esquinter le portrait et si je n'étais pas intervenu, ç'aurait pu être bien pire. Les frangins Agrèges, c'est pas des enfants de chœur, crois-moi.

– Bon, alors là, je t'arrête ! D'abord, je suis pratiquement sûre de savoir qui a tué Fanny, et je suis pratiquement sûre de savoir pourquoi, parce que votre histoire avec le maire, même si elle remonte loin, n'est pas bien différente des tas d'histoires qui se passent un peu partout en ce moment. C'est une affaire de petites haines qui macèrent au fond des cœurs, d'hypocrisies, de non-dits, de gens convaincus de leur bon droit, d'un refus de regarder les autres et de les voir tels qu'ils sont. Écoute ce qu'en dit Rilke.

Cheryl ouvrit le petit livre, et lut : « *...ce n'est que l'instinct du mâle : c'est du rut, de l'ivresse, de l'inquiétude : il est chargé de ces façons et de ces préjugés qui défigurent l'amour. Parce qu'il n'éprouve l'amour qu'en mâle, et non en homme, il y a en lui quelque chose d'étroit, de sauvage, dirai-je, de haineux...* » D'accord, poursuivit-elle, Rilke parle du monde de l'art, de la création, mais il parle aussi de la vie tout court.

– Alors explique-moi, mademoiselle qui sait tout, dit Robin avec un sourire ironique. Qui a tué Fanny et pourquoi ?

– Non, pas avant d'en être absolument sûre, et pour l'être, je dois revoir deux personnes. Et avant ça, j'aimerais bien que tu racontes, toi aussi, ce que tu faisais chez les Lannuque cette nuit.

– La même chose que toi. En plus discret.

Cheryl leva les yeux au ciel.

– C'est plus fort que toi, hein ? Impossible d'admettre qu'une nana puisse faire quoi que ce soit de bien ! Je ne sais pas ce que votre mère vous a fait, mais vous passez tous votre vie à vous venger de la gent féminine.

– Carole, dit Robin froidement. Je t'aime bien, mais en tant que psy, t'es vraiment nulle.

– Et voilà qu'il remet ça ! Je ne veux pas te voler la vedette, Robin. Simplement m'assurer que justice sera faite.

– Quelle justice ? Œil pour œil ?

– Celle que Mariette réclamera, je crois. Mais on n'en est pas encore là, et moi, j'ai besoin de dormir un peu. Une petite demi-heure devrait suffire.

– Et ensuite ?

– Après, je me remets au travail. Avec, sans ou contre toi. À toi de décider.

– Têtue comme gonzesse, constata Robin.

– Pire qu'un mulet.

– Je te laisse mon lit, Peau d'âne.

Cheryl se réveilla en sursaut, comme après un cauchemar oublié ; un goût de mauvais augure au fond de la gorge. Elle était seule, et la matinée se trouvait bien avancée ; elle avait dormi bien plus qu'une demi-heure. Richard était parti, Robin et le VW aussi. Cheryl se rendit à la cabane : vide. Elle se doucha rapidement, le temps de reprendre ses esprits, puis décida de retourner au village à pied.

Elle avait menti à Robin, mais pas tant que ça. Un début d'explication germait effectivement au fond de son esprit, mais si elle avait raison, elle ne voyait pas du tout comment elle allait faire pour le prouver, et elle voyait mal le coupable présumé se dénoncer par esprit de devoir civique. La loi du talion, avait dit Robin, mais en serait-elle capable ? Parviendrait-elle à tuer de sang-froid un autre humain, si inhumain soit-il ? Fanny le voudrait-elle ? Et Mariette ? Certainement pas. Aucune femme digne de ce nom ne le ferait, et pourtant, comment le laisser vivre ?

Comment le laisser continuer à jouir d'une vie dont Fanny était privée à jamais de par sa faute ?

Cheryl décida que l'existence était effectivement très compliquée et souvent merdique, et partit en direction du village.

Au Galopin, le bar de la place principale, l'ambiance était maussade. Une nouvelle interdiction venait de tomber : celle du concert reggae programmé pour la semaine suivante. Hervé, le frère de Christophe, était moins saoul que la veille, mais néanmoins bien allumé.

– Putain d'enfoiré de maire à la con ! dit-il quand Cheryl l'interrogea. Il sait bien que c'est un arrêt de mort pour l'association des gamins qui organisent le concert. Il a attendu le dernier moment, et maintenant les jeunes devront rembourser les groupes en partie alors qu'ils feront zéro franc en entrées. C'est dégueulasse. Tout ça sous couvert de protéger les habitants de Saint-Sauveur contre les indésirables. Il va le tuer, son putain de village !

– Mais non, dit le morse-barman. Il va le transformer en vaste maison de retraite et c'est exactement ce qu'il veut. Il sait très bien que pour être réélu, il a besoin des voix du troisième âge, alors il mise tout là-dessus. La plupart des jeunes qui organisaient ce concert n'étaient même pas majeurs aux dernières élections municipales. Ce n'est plus une question d'orientation politique mais simplement de chiffres. Saint-Sauveur : 60 % de la population a plus de soixante ans. Le choix est vite fait, non ?

– T'as peut-être raison en partie, Dédé, avoua Hervé, mais c'est plus compliqué que ça. Il n'y a pas que le conflit de générations, comme on dit ; il y a aussi du racisme là-dessous. Ces types n'admettent pas que des jeunes venus d'ailleurs puissent s'installer chez eux. Alors, pour se donner bonne conscience, ils disent que c'est des drogués, des érémistes, des parasites, quoi, tout en sachant que c'est faux, qu'il n'y a pas de drogues dures dans le coin et que le nombre de demandes de RMI dans le coin est relativement l'un des moins élevés du pays. Mais les vieux, ils les croient. Quand il y a un concert de reggae ou un carnaval, ils voient des seringues voler dans la nuit et quand c'est la fête du village organisée par la mairie, ils ne remarquent même pas les types ivres morts dans les caniveaux. Question de lunettes.

– Hervé, il faut que je te parle, dit Cheryl, dès qu'elle parvint à placer un mot. On s'est rencontrés hier, tu t'en souviens ?

– Franchement, non. Mais hier, j'étais ivre mort, moi aussi. T'es qui ?

– Carole, une copine de Robin.

– Salut, Carole. Beau bleu.

Cheryl porta une main à la pommette qui virait du rouge au bleu violet et sourit.

– Je sais. J'ai rencontré une branche basse dans le noir. J'ai l'air d'une femme battue, non ?

– Un peu, avoua-t-il. Sauf que Robin n'a pas la réputation de frapper ses copines. De quoi veux-tu me parler ?

Cheryl jeta un coup d'œil autour, mais le

morse s'était éloigné et personne ne faisait attention à eux.

– De ton frère, dit-elle à voix basse. De Christophe. Il faut absolument qu'on le retrouve, c'est une question de vie ou de mort. Je sais très bien qu'il n'a rien à voir avec la mort de la petite, mais je crois qu'il sait qui l'a tuée, et je crois qu'il est en danger.

Hervé la regarda longuement sans répondre, puis éclusa sa bière d'un coup.

– Viens, dit-il. Tu conduiras parce que je ne suis pas vraiment en état. Je te guiderai. Je ne sais pas où il est, mais je connais tous les endroits où il risque d'aller, je connais ses anciennes copines, je sais en qui il a confiance, et s'il n'est vraiment pas dans le coin, j'ai toute une liste de numéros de téléphone qu'on pourra appeler.

Il ouvrit la portière d'une 205 noire et lui passa les clefs.

– Mais ce que je ne pige pas, c'est qu'il ne m'ait pas contacté depuis le temps. On est jumeaux, tu comprends. Toujours fourrés ensemble. Je le connais aussi bien que je me connais, et pour tout te dire, j'ai un peu peur.

Cheryl démarra la voiture, déboîta.

– Moi aussi, avoua-t-elle.

– Tu connais les frères Agrèges ? demanda Cheryl après la quatrième visite infructueuse.

– Les frères Désagrégés ? Bien sûr. C'est des cinglés. Des supporters de Le Pen, fachos comme pas un et radins à mourir. Leur mère est morte l'an dernier et leur a laissé la moitié de Saint-Sauveur en héritage, et ils se vantent de refuser de louer leurs baraques aux «hippies». Les maisons restent vides et les loyers à Saint-Sauveur deviennent inabordables. Et puis, avec la frangine femme du maire, ils se croient à l'abri de tout.

Cheryl hocha la tête.

– C'est bien ce qu'il me semblait. Malgré la permanente et le shampooing colorant, il reste un air de famille.

– Ceci dit, ce nc sont pas des tueurs, ajouta Hervé. T'aurais vu comme la vieille les menait tous à la baguette du temps où elle vivait encore. Une vraie mégère, celle-là, et les frères Désagrégés ont hérité de sa grande gueule, surtout depuis qu'elle n'est plus là.

– Ils ne sont pas mariés ?

– Tu rigoles ? Jamais la vieille n'aurait admis une autre femme au sein de la famille. Elle avait du mal à supporter même sa propre fille. La preuve, elle lui a collé un blase de mec.

– Et Richard ?

Hervé soupira.

– C'est un pauvre demeuré qui ne comprend rien à rien. Il n'est pas méchant, lui. Bien moins que ses frères, en tout cas, mais quand il pique ses crises, vaut mieux ne pas se trouver dans le coin. Un moment, l'autre, le Roger, le faisait suivre par un psychiatre, mais ça devait lui coûter trop cher. C'est trop tard, de toute façon, pour lui. La vieille le traitait comme une bête sauvage alors, à force, c'est ce qu'il est devenu.

– Mais ses frères, ils pourraient l'aider maintenant que la mère est morte, non ?

Hervé soupira de nouveau et jeta un regard triste par la fenêtre.

– Oui, ils pourraient. Tu tournes à droite ici. Mais on est à la campagne, Carole. Certains des paysans savent à peine lire, se servent de la télé comme somnifère et vivent encore comme il y a cinquante ans. Tu ne peux pas imaginer, toi qui débarques de la capitale. Des femmes qui se lavent une fois par mois, qui changent d'habits au même rythme. Des hommes qui démarrent la journée au vin blanc avant de partir aux champs. La tolérance, l'attention à l'autre, c'est également une question d'éducation. La mère Agrèges, c'était un monstre, à bien des égards. Sale, méchante, ignorante et radine. Et ses fils l'ont imitée. Qu'est-ce que tu veux y faire ?

« Rien, se dit Cheryl. Je ne veux rien y faire tant qu'ils ne tuent pas des petites filles de quatorze ans qui ont déjà eu plus que leur part de malchance. Je ne veux rien y faire tant que des simples d'esprit ne se prennent pas pour des meurtriers qu'ils ne sont pas. Je ne veux pas changer l'humanité, je ne veux pas me prendre pour ce que je ne suis pas, pour un juge ou un être supérieur. Je veux simplement que Mariette puisse s'endormir sans pleurer et que Richard puisse ne plus avoir peur de la cave aux rats. Est-ce tant demander ? »

– On y est, dit Hervé. Le rêve de Christophe. Ça fait dix ans qu'il veut acheter cette maison, depuis qu'il est arrivé à Saint-Sauveur, à vrai dire, mais devine à qui elle appartient.

– La famille Agrèges.

– Gagné. Qui refuse de vendre. Alors les ronces envahissent tout, le toit s'écroule, et Christophe venait y rêver quand il n'avait pas le moral. Entre.

Ils poussèrent la vieille porte en bois qui donnait sur une pièce pleine de poussière et de toiles d'araignée.

Christophe s'y trouvait effectivement, assis dans un vieux fauteuil en cuir d'avant-guerre.

Mais il ne rêverait plus jamais.

8

– Suicide, décréta le gendarme après avoir jeté un coup d'œil sur le cadavre. Vous pouvez partir, monsieur, madame. Merci de votre coopération. Si on a besoin de vous, on a votre adresse.

Ils partirent.

En silence.

Rien à dire.

Si. Une petite phrase.

– Ton frère ne s'est pas suicidé, Hervé. Pas plus que Fanny. Je te le jure.

Hervé se tourna vers elle. Sourit.

– Je sais. Tu viens boire un coup avec moi ?

– Oui. Mais un seul. Ensuite, on part à la chasse aux meurtriers, tous les deux.

– Je n'aime pas la chasse, Carole.

– Je sais, mais j'ai besoin de toi.

Un peu plus loin, Cheryl demanda :
– Christophe avait bien un Minitel ?
– Oui, pourquoi ?
– Pour rien. Tu dis que tu le connais aussi bien que toi-même. Que connais-tu de ses fréquentations ? Les gens avec qui il sortait ? Ses histoires d'amour, quoi ?
Hervé inspira longuement.
– Je vois où tu veux en venir et la réponse est non. On n'en a jamais parlé. Mais je le savais, il savait que je savais, c'est juste qu'on n'en parlait pas. Je ne connais pas les détails, les noms de ses amants. C'était tabou. Le grand non-dit.
– Jean ?
– Jeannot ? Peut-être. Mais je ne crois pas. Faut lui poser la question. Comment tu l'as su, toi ?
Cheryl réfléchit avant de répondre.
– C'était la seule explication logique. Ou tu peux appeler ça de l'intuition féminine, si tu préfères.
– Va pour la logique.

Ils burent un coup, puis deux ; bière pour Cheryl qui épousait la passion poulpesque jusqu'au bout, whisky pour Hervé. Cheryl téléphona chez Robin sans obtenir de réponse. L'après-midi arrivait à sa fin, la lumière baissait. Cheryl acheta une bouteille de whisky à l'épicerie en face du bar et parvint à sortir Hervé du Galopin.
– On va chez Jeannot, annonça Cheryl. Tu m'indiques la route, puis je te laisse la bouteille pour la nuit.

– Je vais me saouler si tu me laisses tomber.

– Je ne te laisse pas tomber, Hervé, mais je ne suis pas infirmière non plus. Si tu veux boire, je ne ferai rien pour t'en empêcher.

Il soupira.

– T'es gentille, Carole.

Elle secoua la tête.

– Non, je ne suis pas gentille. Je suis même très mauvaise. Mais je ne suis pas une salope. Quelque part, ma philosophie de vie se résume à ça : ne pas être salope.

Si Jeannot était surpris de la revoir, il ne le montra pas. Il ne posa aucune question et lorsque Cheryl demanda qu'il lui montre le fonctionnement du serveur Minitel, il le fit. En silence. Sur l'écran apparut : «Entrez votre pseudo».

Il se tourna vers Cheryl.

– Ton pseudo ?

– Essayons Lutine, pour commencer, dit Cheryl. Voir s'il y a de nouveaux messages.

Jeannot tapa les six lettres, puis «Envoi», et ensuite «Lire les messages».

L'écran se remplit d'une longue suite de messages, tous dans la même veine, tous signés du même pseudo : «Coucou».

– Je pense que tu pourras m'expliquer tout ça, dit Cheryl sans même lire jusqu'au bout. Pour le plus gros, j'ai le sentiment d'avoir compris. C'est comment Lannuque en a eu vent de son pseudo que je ne comprends pas.

Jeannot secoua la tête et rit. Un peu jaune.

– Par la môme, bien sûr. Elle était adorable,

mais elle n'avait pas le sens des mesures. Elle passait trop de temps avec des adultes, voulait être au courant de tout, connaître tous les secrets, les potins, les qui-couche-avec-qui. Et, bien évidemment, elle était incapable de garder quoi que ce soit pour elle. Un jour, elle est venue. Je dialoguais avec le pseudo Coucou. Ça ne faisait pas longtemps que je l'avais inventé, d'ailleurs, juste après le coup de la plainte pour diffamation. J'étais content de moi, sur le coup. Coucou, Lannuque, tu comprends ? J'avais tout calqué sur le vrai, en plus : maire d'un petit village dans le Lot, assureur, belle maison... et, pour le serveur Minitel, amateur de jolis garçons aux cheveux longs.

– Mais au départ, vérifia Cheryl, les conversations de Coucou, c'était toi qui les inventais ?

– Ben ouais. Jusqu'au mois dernier où je me suis rendu compte que quelqu'un s'était emparé du pseudo.

– Et Lutine ?

– Tu veux savoir qui c'est ?

– Je sais qui c'est. Christophe. Ils se sont rencontrés d'abord sur le Minitel, puis ils ont fixé un rendez-vous, c'est ça ? La plaisanterie a mal tourné ?

– Mais putain, comment est-ce que j'étais censé savoir que le maire de Saint-Sauveur était *vraiment* de la confrérie ? C'était une blague, au départ. Histoire de faire chier le monde. Les paysans, ils ont horreur qu'on les traite de pédé, ça les met hors d'eux.

– Surtout quand c'est vrai ! fit remarquer Cheryl.

– Putain, Carole, je jure que je ne le savais pas. Et pourtant, je les renifle de loin. En général, je les sens du premier coup.

Cheryl hocha la tête.

– Christophe est mort. On l'a retrouvé dans la baraque qu'il voulait acheter, celle qui appartient aux frères Agrèges.

Jeannot ferma les yeux.

– C'est pas vrai.

– Si c'est vrai, sinon elle ne le dirait pas, intervint Hervé de la pièce à côté. Et je n'ai encore rien dit à maman. Je sais que je devrais l'appeler, mais je n'y arrive pas.

– Il y avait un pistolet à côté du corps, poursuivit Cheryl. Les flics n'iront pas chercher plus loin, à moins de trouver que l'arme est enregistrée au nom de quelqu'un qui leur convient pour le rôle du meurtrier.

– Je ne pense pas que Lannuque leur convienne, dit Jeannot d'une voix amère.

– Je ne pense pas que Lannuque soit assez stupide pour tuer quelqu'un avec un pistolet qui lui appartient, ajouta Cheryl. De toute façon, à moins d'être singulièrement pervers, le père Lannuque n'est pas au courant de la mort de Lutine, sinon il n'aurait pas laissé tous ces messages sur son Minitel.

– Qu'est-ce qu'on fait, alors ? demanda Jeannot.

Cheryl repoussa sa chaise pour s'éloigner de l'écran maudit.

– Il me faut du matériel d'enregistrement, dit-elle au bout d'un moment. Audio et vidéo. Il faut attirer tout ce beau monde dans un piège que nous aurons au préalable équipé d'un système de mouchards. Micros et caméscope. Et j'ai besoin de Richard, surtout. Espérons seulement que Robin ne l'a pas relâché.

– Robin tient Richard Agrèges ? demanda Jeannot avec étonnement. Alors là, il n'est pas près de le relâcher. Depuis le début de cette histoire de carnaval, Robin prétend que le seul moyen de faire bouger Lannuque, c'est le chantage. S'il tient Richard, il ne le relâchera pas avant d'avoir obtenu l'autorisation pour le carnaval.

Tout d'un coup, Cheryl comprit. L'hostilité de Robin à son égard, le refus de partager ses informations, le désir de l'éloigner à tout prix de l'affaire. Il ne voulait surtout pas qu'elle dévoile le coupable au grand jour. Robin en maître chanteur, pas mal. La preuve que les rouges-gorges aussi savent faire piailler. Le carnaval avant tout, sa propre gloire avant la justice. Ce n'était peut-être pas aussi simple que ça, mais Cheryl n'était pas d'accord. Pas cette fois. Pas pour Fanny.

– Et pour ton matos, c'est pareil, ajouta Jeannot. Robin, c'est l'as de l'enregistrement en direct. Et, en plus, il me semble qu'il vient de s'acheter un caméscope. T'as vraiment de la veine !

– Il faut absolument arriver à joindre Robin le plus vite possible, dit-elle à Jeannot. Ce serait mieux que ce soit toi qui téléphones partout ; s'il sait que c'est moi, il risque de croire à un piège.

Jeannot parut étonné.

– Je croyais que t'étais sa copine.
Cheryl rit.
– Ça dépend des jours.

Un quart d'heure plus tard, Jeannot reposa le combiné avec un sourire de chat qui vient de s'envoyer le pot de crème fraîche.

– Il m'attend chez lui dans dix minutes. Je n'ai pas parlé de toi, Carole, simplement de Christophe et d'Hervé. Allez, en route, Hervé !

– Attendez une seconde ! intervint Cheryl. Il faut attirer Lannuque et compagnie dans un endroit facile à piéger, où on peut installer les micros et la caméra sans mettre trop de temps. Et sans que ça se voie. Une grange, peut-être. Ou une cave. Un endroit isolé, en tout cas, pour qu'ils se croient les plus forts. S'ils se sentent menacés, ils ne viendront pas, et on a besoin d'une preuve, nous !

– Chez Christophe, dit Hervé sans hésiter. Sa maison est petite, isolée, et c'est à cinq minutes de chez Robin. De l'autre côté de la grange incendiée.

– Parfait, sourit Cheryl. Absolument parfait. Le piège, alors. Il faut lui envoyer un message par Minitel. Pour Coucou de la part de Lutine. Je te laisse faire, si tu veux bien, puis je te dicterai le texte.

Les mots s'affichèrent sur l'écran du Minitel. Froids et impitoyables.

«Lutine est mort, vive Lutine. Coucou a pondu un œuf de trop. Faut assurer la pension alimentaire maintenant que le petit oiseau grandit. Rendez-vous au nid de Lutine 1ère, ce soir 23 heures. Je te ferai écouter le dernier chant de Lutine et te rendrai l'oisillon égaré. Ne rate surtout pas cette occasion unique, car demain c'est à la télé que l'oisillon ira chanter ! »

ENVOI

L'écran leur demanda s'ils voulaient prévenir leur correspondant qu'un message l'attendait.

– Bien sûr, dit Cheryl. Ce serait vraiment dommage qu'il ne soit pas averti à temps.

Quand ils arrivèrent au tipi de bois, Robin les attendait sur le pas de la porte.

– Qu'est-ce que tu as fait de Richard ? demanda Cheryl sans autre préambule.

– Qu'est-ce que ça peut te foutre ?

– Tu ne lui as pas fait de mal, au moins ?

Robin sourit.

– Je n'ai même pas eu besoin de lui faire mal. C'est lui qui a tué Fanny, il a tout avoué.

Cheryl soupira.

– Mais bien sûr qu'il a tout avoué ; il est conditionné depuis des années pour tout avouer, chaque fois qu'il faut un coupable. Tu lui feras dire ce que tu veux à ce pauvre garçon, il suffit de connaître les mots qui font peur. Mais il n'a tué personne, et il le sait, quelque part. C'est ça qui le rend fou.

– Ah oui ? Et c'est qui, l'assassin alors, Sherlock Holmes ?

Cheryl faillit le lui dire, puis changea d'avis.

– Si je te le dis, tu ne me croiras pas. Je préfère que la personne se dénonce d'elle-même. C'est pour ça que j'ai besoin de toi, de ton matériel d'enregistrement, d'un caméscope, et de Richard. Mais je te préviens, on n'échange pas un meurtrier contre un carnaval. Les preuves iront aux journaux : locaux et nationaux. Et au procureur.

Robin la regarda longuement.

– Tu sais que t'es une vraie emmerdeuse quand tu t'y mets ?

Cheryl secoua la tête.

– Non, ce n'est pas vrai. Votre carnaval, si important qu'il soit pour vous, ne vaut pas une vie humaine, et il en a déjà coûté deux. Il faut dénoncer ça, quitte à se prendre des baffes par retour de courrier. Pour moi, ce n'est plus uniquement l'histoire du carnaval de Saint-Sauveur, c'est l'histoire d'une nouvelle forme de racisme où ce n'est plus la couleur de la peau qui sépare les gens mais l'âge, le métier et les façons de s'habiller. C'est le politiquement correct contre le droit de gérer sa propre vie, d'avoir sa propre culture. C'est la liberté tout court qui est en jeu.

Robin s'inclina de façon théâtrale.

– Belle dame, vous avez gagné mon cœur et mon esprit. Je vous suis dévoué corps et âme, humble serviteur prêt à se sacrifier pour vous être agréable.

– Richard ? dit Cheryl.

– À l'intérieur.

Robin, Jeannot et Hervé partirent équiper la maison de Christophe avec un système de surveillance et du matériel d'enregistrement dignes de la Banque de France. Cheryl, pendant ce temps, fit parler Richard dans un autre micro.

C'était long. D'abord, le persuader que le micro ne lui ferait pas de mal, lui montrer le magnétophone, les bandes, un essai fait par Cheryl, un essai fait par Richard. Puis arriver à lui faire répéter son texte, phrase par phrase. Discuter. Rassurer. Enregistrer. Discuter. Rassurer. Enregistrer.

– Tu crois que Roger aura alerté la police par rapport à ta disparition ? demanda Cheryl au bout d'un moment.

Richard se mit à gémir.

– Je ne veux pas voir les policiers ! Je ne veux pas aller en prison ! Ils vont me mettre dans une cage toute noire avec plein de rats qui courront partout !

Discuter. Rassurer.

– Tu n'as rien fait de mal, Richard. On met des gens en prison quand ils ont tué quelqu'un. Toi, tu n'as tué personne.

– Non.

– C'est Robert qui voulait te faire croire que tu avais tué Fanny ?

– Oui.

– Mais tu ne l'as pas tuée. Ce n'est pas toi qui as serré ton doigt sur la détente ?

(Gestes à l'appui.)

– Non.

– Alors on va raconter tout ça à la machine

maintenant. On va raconter à la machine exactement ce qui s'est passé. Comme ça, tu n'iras pas en prison. La machine va se souvenir de tout, et elle le répétera aux policiers. D'accord ?

– Je n'irai pas en prison ?

– Non. Je te le promets. T'es prêt ? Alors raconte à la machine où tu te trouvais quand t'as vu la petite Fanny pour la première fois.

– J'étais à la mairie. Là où Yves, il a un grand bureau tout ciré avec une belle carte sur le mur et des téléphones et tout.

9

La nuit était tombée sur le causse de Saint-Sauveur. L'air était parfumé de chèvrefeuille et de tilleul, les cris des oiseaux nocturnes résonnaient autour de la maison de Christophe. Un léger vent faisait frémir les feuilles du marronnier derrière lequel ils étaient cachés. Cinq cents mètres plus bas, une fenêtre de la maison projetait un rectangle d'orange sur un parterre de roses.

Robin regarda sa montre pour la quinzième fois en autant de secondes.

– Onze heures trois. Ils ne viendront pas.

– Mais si. De toute façon, ta montre avance. J'ai moins huit, moi.

Richard était assis en silence.

Un oiseau siffla, tout près.

– Je pourrai rentrer chez moi ce soir, Carole ? demanda Richard dans un chuchotement.

– Pas encore. Il faut attendre demain. Cette

nuit, tu dormiras chez Robin, et on mettra des graines empoisonnées pour empêcher les rats d'entrer.

– D'accord.

Au loin, un bruit de moteur s'éleva puis mourut.

Silence.

– Putain, qu'est-ce qu'ils foutent ? murmura Robin.

– Lannuque se fait beau. Il croit peut-être que la nouvelle Lutine sera aussi complaisante que la première. Ou alors il nous tend un piège à son tour. Il ne savait pas que Christophe était mort, vu qu'il lui envoyait des messages. Les gendarmes ont dû le prévenir, alors peut-être croit-il que c'est son mystérieux correspondant qui l'a tué.

– C'est bizarre, quand même, dit Jeannot. Je n'aurais jamais cru ça de Christophe. Ni de Lannuque, d'ailleurs. Comme quoi…

Cheryl haussa les épaules.

– Peut-être qu'eux non plus n'en étaient pas vraiment conscients, avant. Tout au moins, Lannuque. Ça a commencé avec le Minitel, Fanny qui raconte au neveu que son oncle a un pseudo Minitel qui aime les garçons, Lannuque qui veut voir… et qui se prend au jeu. Peut-être que le fait de converser avec un ordinateur lui a révélé des choses sur lui-même qu'il ne soupçonnait pas. En face de lui, il n'y avait personne, juste un écran, alors il pouvait rêver, fantasmer, imaginer qu'il était quelqu'un d'autre. Tout est possible et rien n'est réel. Le sexe virtuel. Apparemment, Lannuque y a plongé à pieds joints.

Robin renifla pour marquer son désaccord.

– Lannuque n'a jamais été très clair comme mec. Avant, il vivait tout seul dans sa grande baraque. En fait, j'ai l'impression qu'il s'est marié juste avant sa première campagne électorale, comme pour prouver quelque chose.

Silence.

Un bruit de voiture s'éleva au loin, se rapprocha, de plus en plus fort, comme l'arrivée d'un monstre rugissant. Deux paires de phares scindèrent l'obscurité en deux blocs solides.

– Ils sont venus à plusieurs, chuchota Robin.

– À mon avis, les autres ne veulent plus le lâcher d'une semelle, murmura Cheryl. Ils surveillaient sa maison quand ils me sont tombés dessus.

Elle se tourna vers Richard.

– Alors, surtout, tu ne dis rien et tu ne bouges pas, d'accord ? C'est la machine qui va parler à ta place.

Richard hocha la tête, très sérieux.

– Bonne chance, Hervé, murmura Cheryl.

Les voitures s'immobilisèrent devant la petite maison de pierre et quatre personnes en descendirent. Dans l'obscurité, ce furent de simples silhouettes. La porte d'entrée s'ouvrit et la lumière éclaboussa tour à tour les frères Agrèges, Yves Lannuque et sa femme, toujours aussi impeccablement coiffée.

– La famille au complet, murmura Robin. Allons-y pour l'enregistrement du siècle.

Il appuya sur un interrupteur parmi beaucoup

d'autres dont était constellé un appareil qui ressemblait vaguement à un autoradio, mais en beaucoup plus grand. Une grande antenne pointait vers le ciel.

– Et vive les commandes à distance, chuchota Cheryl.

À l'intérieur de la maison, l'ambiance était à couper à la tronçonneuse. Les cinq adultes se regardaient en silence. Puis Hervé se mit à parler.

– Je ne vous serre pas la main, je pense que vous comprendrez pourquoi. On ne va pas non plus discuter de la pluie et du beau temps. J'ai passé la journée avec un jeune homme fort confus qui a mis le temps, mais qui a fini par me raconter une histoire épouvantable. Il se trouve que mon frère est impliqué de près dans l'affaire, sinon je n'aurais même pas essayé de discuter avec vous. Richard est venu me trouver parce qu'il avait laissé s'échapper un prisonnier que vous vouliez retenir, et craignait votre réaction.

Lannuque regarda ses chaussures, puis murmura :

– C'est une affaire tragique, j'en conviens, mais le pauvre garçon ne peut pas être tenu pour responsable. J'aurais peut-être dû le dénoncer dès le départ, mais dans ce cas, on l'aurait enfermé. Je ne pensais pas une seconde qu'il recommencerait. Si j'avais pensé que Christophe était en danger…

Hervé hocha la tête.

– Je sais, vous l'auriez protégé. Mais je crains que vous-même, monsieur le maire, ne vous soyez trompé dans vos conclusions. Écoutons plutôt ce que Richard a à dire. Il n'est pas ici, je vous rassure de suite. Il se trouve à plusieurs kilomètres d'ici, en compagnie d'un ami, dans une voiture équipée d'un CB. Un émetteur sans fil, si vous préférez. Allez-y, Richard, vous pouvez parler.

Silence.

– Problème technique, murmura Hervé.

Il appuya sur un des boutons d'un appareil qui ressemblait à celui de Robin et un affreux bruit de larsen leur cisailla les tympans.

– Excusez-moi, dit Hervé.

– C'est pas moi, Yves, je te le jure !

La voix de Richard résonna dans la pièce, venant de partout et de nulle part. Fantomatique.

– On était dans ton bureau, ton beau bureau à la mairie, tu te rappelles ? C'était après le conseil municipal. Toi, tu étais parti avec le fils Laborie pour je ne sais pas quoi. Raymonde, elle disait qu'il fallait aller brûler le bonhomme carnaval et la grange avec, pour leur donner une leçon, parce que c'était déjà assez humiliant de savoir que t'étais pédé, mais si tout le village devait être au courant, elle n'aurait plus qu'à demander le divorce. Puis, elle a vu la petite Fanny sortir du couloir en courant, et Raymonde, elle a dit : «Rattrapez-la, elle a tout entendu !», alors Fanny elle a pris sa mobylette et Robert, Raymonde et moi, on a pris la voiture de Raymonde pendant que Roger allait chercher sa voiture parce qu'il avait laissé le bidon d'essence dans le coffre.

«C'était comme d'aller à la chasse, Yves, la chasse aux sangliers, tu sais. Raymonde, elle conduisait, et Robert a pris son fusil de chasse et il a tiré mais juste pour faire peur. Alors Raymonde lui a dit de passer le pistolet qu'elle gardait sous le siège parce qu'on ne savait jamais avec tous ces drogués autour et puis Raymonde, elle a tiré aussi.

«Et alors, Fanny, elle est tombée de la mobylette et elle a couru dans le champ juste en face, celui qui est derrière la maison de Christophe. Elle devait avoir peur, parce qu'elle a frappé à la porte de la maison et comme personne n'est venu ouvrir, elle a ouvert toute seule, et là, Yves, tu sais ce qu'elle a vu parce que Christophe et toi, vous vous faisiez des bisous tout nu.

«Moi, ça me gêne pas, Yves. C'est Raymonde, elle supporte pas ça. Alors elle a mis son pistolet contre la tête de Fanny, et elle a tiré et tout de suite elle m'a mis le pistolet dans les mains sans que personne ne voie et elle s'est mise à crier : "Oh mon Dieu ! Richard qu'est-ce que tu as fait !" mais je n'ai rien dit parce que je ne savais pas ce que j'avais fait.

«Et après, Roger, il t'a ramené parce que t'étais malade, et Raymonde, elle a dit que ton copain il était dangereux. Raymonde, elle a pris le pistolet de Robert, et elle a tiré sur Christophe pour qu'il arrête de pleurer.

«Puis, ils ont mis Fanny dans la grange avec un pistolet à côté d'elle, et on a vu le bonhomme carnaval qui te ressemblait, Yves, mais avec une jupe, et Robert, il y a versé l'essence et a mis le feu. Moi, j'aurais bien aimé regarder le feu, mais Raymonde a dit qu'il fallait partir. Alors on a emmené Christophe dans la maison qu'il voulait acheter à Combe Rouge, et Raymonde lui a mis le pistolet dans la main comme s'il s'était tué lui-même. Et Raymonde et Robert m'ont dit que si je te le disais, j'irais en prison, mais je sais maintenant que je n'irai pas en prison et de toute façon, Carole m'a dit qu'il n'y a pas de cages sombres et de rats dans les prisons. Dans les prisons, ils ont même la télé couleur alors si Raymonde, elle y va, elle ne se fera pas manger le zizi par les rats et elle pourra toujours regarder le Juste Prix.

«Moi, je ne veux pas que Raymonde aille en prison, mais elle a tué Fanny et elle a tué Christophe et c'était pas gentil parce que Fanny ne voulait pas nous faire de mal, et Christophe voulait juste faire des bisous tout nu avec toi et c'est surtout ça que Raymonde, elle supporte pas.

Le silence.

La guerre des regards.

Hervé les regarda se regarder, la panique au fond des tripes parce qu'il fallait qu'ils parlent, qu'ils avouent. Le témoignage de Richard ne vaudrait rien, sinon. Un débile qui racontait tout et n'importe quoi. Dix minutes avec des flics et il s'accuserait du double meurtre et de tous les crimes non résolus depuis plus de vingt ans. Ce n'était que la patience de Cheryl qui lui avait permis de dire vraiment ce qui s'était passé. Hervé se leva.

– Je vous laisse, dit-il d'une voix sourde. Je vais aller chercher Richard, mais il restera avec moi pour le moment. Je vous conseille de vous rendre à la police, c'est encore ce que vous avez de mieux à faire.

– Vous n'êtes pas sérieux ?

Raymonde Lannuque se leva également, sortit un pistolet de Dieu sait où, elle semblait en avoir un stock inépuisable.

– Vous ne pensez pas ce que vous dites ! Nous avons beaucoup trop à perdre, et vous êtes tout seul. Le témoignage de Richard ne tiendra pas cinq minutes devant un avocat habile.

– Peut-être pas, mais vous n'éviterez pas le scandale, madame Lannuque.

– Quel scandale ? Je répète, vous êtes tout seul.

– Et l'autre, celui qui attend dans la voiture ? demanda Hervé.

La grande femme rit.

– Vous ne croyez pas me piéger avec une ruse aussi maladroite. Vous n'auriez pas le courage d'aller raconter à un de vos amis que votre frère est un homosexuel !

Elle se tourna vers son frère.

– Je te l'avais dit qu'il fallait faire disparaître le corps de cette petite frappe, Robert. Et on aurait dû emmener l'autre demeuré à la police tout de suite après la découverte du premier corps.

Les yeux de Lannuque lui sortaient des orbites et pendaient, incrédules, sur ses joues.

– C'est pas vrai ? répéta-t-il en secouant la tête. Dites-moi que ce n'est pas vrai ? Raymonde ! Robert !

Sa femme le regarda comme on regarde un mulot à moitié mâchouillé par le chat et déposé sur la moquette juste à côté du lit.

– Tu ne crois quand même pas, mon pauvre ami, que j'allais laisser courir le bruit dans tout Saint-Sauveur que j'avais épousé un pédé, non ? Toi, tu avais peut-être besoin de moi pour ta carrière politique, te faire élire maire était tout ce qui t'intéressait, de toute façon, mais moi... Y as-tu seulement pensé ? La sœur du demeuré, la fille de la mégère et de son alcoolique de mari. La paysanne arriérée dans toute sa splendeur ! J'avais beau avoir fait des études, j'avais beau collectionner les diplômes, dans la tête des gens, j'étais toujours la même. Et puis, tout d'un coup, je devenais quelqu'un. Une maison de riche, des voitures, de l'argent. Je pouvais aller chez le coiffeur toutes les semaines, l'esthéticienne à domicile, des vêtements, des parfums de luxe. Les gens ne me regardaient plus de haut, mais avec respect, oui monsieur. Avec envie. Ils étaient jaloux, et, surtout, ils m'écoutaient.

«C'est *moi* qui t'ai dit d'interdire le carnaval. C'est *moi* qui t'ai dit de virer la secrétaire de mairie parce qu'elle lisait tes lettres. C'est *moi* qui te disais où aller, qui fréquenter. C'est *moi* qui écrivais tes déclarations publiques. C'est *moi* qui t'ai dit de te débarrasser de tous ces hippies qui transformaient Saint-Sauveur en Woodstock du Lot. C'est *moi* qui t'ai dit de refaire les routes, d'inviter les gendarmes et leur famille à dîner, de distribuer des subventions à certains et pas à d'autres. Toi, tu n'avais plus qu'à récolter la gloire...

«Et puis, tu as commencé à fricoter avec cette petite frappe de rien du tout, en dépit de tout bon sens ! Mais Yves, j'avais porté plainte contre leur torchon infâme qui te traitait d'eunuque, et tu allais leur donner raison !»

Lannuque la regardait. Lannuque ne pouvait plus détacher les yeux de sa coiffure parfaite et de sa bouche écarlate.

– Tu as tué la petite ? demanda-t-il comme s'il n'arrivait toujours pas à le croire.

– Mais bien sûr que je l'ai tuée ! Qu'est-ce que tu veux que je fasse d'autre ? C'était la fille de l'autre drogué, celui qui se prend pour Jack Lang, le soi-disant organisateur qui écrit partout qu'interdire le carnaval de Saint-Sauveur est un acte anticonstitutionnel. Tu voulais peut-être que je la laisse repartir raconter à cette espèce de clochard bariolé que le maire tringlait des pédés ?

Lannuque ne répondit pas.

Lannuque n'était plus là.

Lannuque s'était liquéfié, avait fondu pour ne plus faire qu'un avec le canapé.

Robert Agrèges se mit debout à son tour.

– Bon, ben, bute-le, Raymonde, qu'on n'en parle plus.

– NON !

Robin des bois fit une entrée fracassante muni non pas d'une arbalète mais de l'imitation 357 Magnum de Cheryl qui fit son effet.

– Lâchez vos armes.

Raymonde Lannuque, qui était la seule à en avoir, se tourna vers lui comme pour faire feu et reçut le faux pistolet à travers l'avant-bras. Elle poussa un jappement de chien, laissa tomber son arme qui fut aussitôt ramassée par Hervé, et courut se réfugier derrière son frère.

– La police, leur rappela Robin. Si vous vous enfuyez, ce sera pire que tout. On libérera Richard dès que vous serez derrière les verrous.

– Et si on ne veut pas ? demanda Robert Agrèges d'une voix menaçante.

– Vous verrez bien, répondit Robin en s'approchant de la porte. Les drogués et les clochards bariolés pourraient encore vous surprendre.

Robin et Hervé franchirent la porte à reculons, puis se mirent à courir à travers champs. Jeannot les rejoignit à quelques mètres de l'arbre.

– T'as récupéré les cassettes du grenier ? demanda Hervé en haletant.

– J'ai la cassette vidéo et le caméscope, répondit Jeannot sur le même ton. Les cassettes audio, c'est Cheryl qui s'en occupait.

– C'est bon, démarre ! hurla Robin tandis qu'ils s'approchaient du camion, et Cheryl, assise au volant, tourna le contact.

– Vous avez tout ramassé ? demanda Robin, essoufflé.

– Bien sûr, répondit Cheryl en souriant. On a le matériel d'enregistrement et les cassettes. J'espère seulement que tout a fonctionné, sinon on est dans la merde !

– Tout a fonctionné, la rassura Robin. Je

manque peut-être d'expérience comme maître chanteur, mais je suis infaillible dès qu'il s'agit de prises de son.

– Et pour faire des copies des cassettes vidéo, on a ce qu'il faut ? demanda Hervé.

– Chez Jeannot. Dès demain matin, tous les journaux du coin vont trouver un drôle de cadeau dans leur boîte aux lettres. Et Jeannot filera même jusqu'à Toulouse pour en remettre une à l'équipe de France 3. Ils sont cuits et archicuits, nos canards.

10

Richard dormait dans la salle Minitel chez Jeannot Lapine. Jeannot était parti jouer au facteur à Toulouse, Hervé faisait la même chose à Cahors, Cheryl et Robin se retrouvèrent seuls.

Il y eut un moment de gêne, de flottement : ces moments inconfortables où chacun se demande si l'autre va vouloir tout en sentant que l'autre ne rêve que de ça.

Puis la gêne passa, comme un ange, chacun resta dans son coin du canapé, et l'envie disparut. Ils se mirent à parler, tout doucement pour ne pas réveiller Richard. Avec respect, aussi, les rivalités oubliées pour ne pas heurter la nuit finissante. Tout en découverte, en attentions à l'autre. Une conversation lente où l'esprit rejoignait l'amour, au moins le temps d'une rencontre.

Après, ils s'endormirent ensemble pour se quitter au seuil du rêve et Cheryl se retrouva dans son appartement où elle tentait désespérément d'expliquer à Gabriel que Léon, le berger allemand du Pied de Porc à la Sainte-Scolasse, était un mordu du Minitel rose.

Elle se réveilla en pensant à Raymonde.

– Je me demande par quoi elle est passée pour devenir folle à ce point, dit Cheryl lentement en voyant que Robin la regardait.

– La mère Lannuque ? De toute façon, elle est issue d'une famille de cinglés. Mais même moi qui la connais depuis des années ne l'aurais jamais cru capable de meurtre. Elle a tué Fanny froidement, sans une once de compassion. Sans le moindre remords, non plus.

– Si elle avait une once de compassion, elle n'aurait pas cherché à interdire le carnaval et à marginaliser tout une partie des habitants de Saint-Sauveur pour commencer. Ce genre de décision qui vise l'exclusion des autres et le maintien d'un climat de haine, c'est en soi révélateur d'une certaine psychose, à mon avis. Vouloir absolument imposer sa façon de voir à l'autre en refusant tout compromis, en refusant même d'admettre l'existence de l'autre, ce n'est pas exactement un comportement d'adulte équilibré.

– Tu vas rester ici un peu, le temps que tout se tasse ?

Cheryl secoua la tête.

– Non, je partirai tout à l'heure, dès que Hervé sera revenu. Je vous confie Richard. Il faudra trouver quelqu'un pour s'occuper de lui. Et dis à ton copain Pierrot le fou de mettre une annonce dans *le Parisien* quand il aura arrêté la date du prochain carnaval. Je viendrai voir ça. Et, aussi, qu'il devrait être un peu plus attentionné avec Mariette. Une femme, il faut s'en occuper si on veut qu'elle s'épanouisse. C'est un peu comme une plante verte, en plus compliqué.

– Et un homme, c'est comme quoi ?

– Alors, là, tu cherches vraiment la bagarre. Quoi que je dise, je sens que ça ne te plaira pas. Tu devrais lire Rainer Maria Rilke si tu veux connaître mon idéal masculin.

Hervé rentra peu après neuf heures, l'air triste.

– Voilà, dit-il. C'est fait. Je me demande bien ce que ça va donner. J'ai plutôt l'impression qu'on essaie d'allumer un pétard mouillé.

– Allume la radio, conseilla Robin. C'est toujours eux qui annoncent en premier.

À la gare de Cahors, Cheryl appela sa mère et dut la rassurer pendant une demi-heure. Gabriel avait déjà téléphoné trois fois, elle avait voulu laisser un message au numéro que Cheryl avait donné, mais ils ne connaissaient aucune Karen et ils n'avaient pas voulu noter la commission, et elle ne savait plus quoi dire à Gabriel qui demandait des précisions de plus en plus détaillées sur la grippe intestinale de Cheryl.

– Si jamais il rappelle, tu lui dis que je vais mieux, que j'ai pris le train et que j'arrive à la gare d'Austerlitz à 18 heures 32 ce soir. Dis-lui aussi que j'ai failli m'évanouir dans la salle de bains et que je me suis cognée contre le rebord du lavabo. Tu t'en souviendras ? Et maman ! C'était Carole, pas Karen. La prochaine fois, prends un stylo et note tout !

Dans le train, Cheryl ouvrit *Lettres à un jeune poète* au hasard, juste pour voir.

« Si vous vous accrochez à la nature, à ce qu'il y a de simple en elle, de petit, à quoi presque personne ne prend garde, qui, tout à coup, devient l'infiniment grand, l'incommensurable... alors tout vous deviendra plus facile, vous semblera plus harmonieux et, pour ainsi dire, plus conciliant. »

Rilke, de tout évidence, n'avait jamais mis les pieds à Saint-Sauveur.

Elle s'endormit, bercée par le ronronnement du train, et se réveilla à Austerlitz.

« Il ne viendra pas, se dit-elle. Il n'aura pas rappelé chez mes parents, donc il ne saura pas. Il viendra chez moi ce soir, peut-être. Ou alors, il téléphonera. Ou alors, j'irai le retrouver demain matin au Pied de Porc. Ou il sera reparti et je ne le reverrai pas avant des jours et des jours... »

Elle descendit du train, un peu triste, un peu désœuvrée : trop d'émotions en trop peu de temps.

Gabriel Lecouvreur, dit le Poulpe, l'attendait, tous tentacules dehors (enfin presque) en brandissant un énorme bouquet de roses. De roses roses.

Le lendemain matin, les clients habituels du Pied de Porc eurent la surprise de leur vie. Le Poulpe et Cheryl entrèrent ensemble, la main dans la main. Gabriel commanda deux cafés, deux croissants et remercia un Gérard estomaqué pour sa gentillesse.

– Eh bien, la nuit a dû être bonne, murmura Gérard en aparté.

Puis il ramassa *le Parisien* qui traînait sur le zinc.

– Au fait, le Poulpe, puisque t'es de si bonne humeur, j'ai une nouvelle qui va t'intéresser. Tu te rappelles de la gamine de quatorze ans, suicidée dans une grange brûlée ? Eh bien, il y a du nouveau. Des journaux locaux ont trouvé hier matin devant leur porte, une cassette vidéo et un enregistrement audio avec les aveux complets des vrais coupables. Et ce n'était pas un obsédé sexuel, figure-toi, mais le maire du village !

– La femme du maire, corrigea Cheryl.

– Oui. C'est pareil, non ?

– Non, parce que le maire, lui, n'était pas au courant. Enfin, il ne savait pas que c'était elle. Il croyait que c'était son beau-frère, un simple d'esprit.

Gérard consulta son journal.

– C'est pas écrit en aussi détaillé ici. Comment tu sais tout ça, toi ?

Cheryl haussa les épaules.

– J'ai dû l'entendre à la radio. Je n'avais pas grand-chose à faire toute la journée, trop malade pour lire, alors j'ai écouté la radio.

Gabriel se frotta pensivement le menton.

– Et pourquoi la femme du maire a-t-elle tué la petite ? demanda-t-il à Gérard.

– Pour l'empêcher d'aller raconter à tout le monde que le maire était homosexuel.

– Ce n'est pas un délit, fit observer le Poulpe.

– Dans certains milieux, si, intervint Cheryl. Et madame le maire était en meilleurs termes avec le curé du village, t'imagines ! De plus, il y avait une histoire de carnaval que le maire avait interdit derrière tout ça. La petite était la fille de l'organisateur.

– Dis donc, siffla Gérard. Ta radio, elle a vraiment suivi toute l'histoire !

– Eh bien, moi aussi, dit Maria fièrement. Hier soir, j'ai regardé France 3. Ils ont interviewé un garçon avec des cheveux aussi longs qu'une fille. Il était comédien et musicien et il habitait dans ce fameux village. C'est lui qui a eu l'idée de filmer les aveux de la femme du maire.

Cheryl grinça les dents, mais ne dit rien.

Enfin, il a dit qu'il ne s'en serait jamais sorti sans l'aide d'une jeune sociologue qui s'appelait Carole et qu'il remerciait du fond du cœur. À mon avis, il était même un peu amoureux d'elle.

Le Poulpe se frotta le nez.

Le Poulpe se gratta le cuir chevelu.

Le Poulpe fronça les sourcils.

– Finalement, dit-il à Cheryl, tu t'es vite remise de ta grippe intestinale. T'as l'air plus marquée par le coup sur la pommette. Tu as glissé, c'est ça ?

Cheryl sourit.

– Oui. Un virus éclair et un évanouissement malheureux. Quelle aventure !

Le Poulpe se mordilla un doigt.

– Cheryl… ?

– Oui.

– Non, rien.

DÉJÀ PARUS AUX ÉDITIONS BALEINE

1. **Le Poulpe** - Jean-Bernard Pouy
La petite écuyère a cafté
Prix Paul Féval de littérature populaire 1996
2. **Le Poulpe** - Serge Quadruppani
Saigne sur mer
3. **Instantanés de Polar** - Franck Pavloff
Foulée noire
4. **Le Poulpe** - Patrick Raynal
Arrêtez le carrelage
5. **Instantanés de Polar** - Olivier Thiébaut
Larmes de fond
6. **Instantanés de Polar** - Jean-Jacques Reboux
Le massacre des innocents
Trophée 813 du meilleur roman francophone 1996
7. **Le Poulpe** - Didier Daeninckx
Nazis dans le métro
8. **Le Poulpe** - Noël Simsolo
Un travelo nommé désir
9. **Le Poulpe** - Franck Pavloff
Un trou dans la zone
10. **Instantanés de Polar** - Noël Simsolo
Couleur sang
11. **Le Poulpe** - Paul Vecchiali
La pieuvre par neuf
12. **Le Poulpe** - Jean-Jacques Reboux
La cerise sur le gâteux
13. **Le Poulpe** - Claude Mesplède
Le cantique des cantines
14. **Le Poulpe** - Pascal Dessaint
Les pis rennais
15. **Le Poulpe** - Olivier Thiébaut
Les pieds de la dame aux clebs
16. **Le Poulpe** - Gérard Delteil
Chili incarné
17. **Le Poulpe** - Bertrand Delcour
Les sectes mercenaires

37. **Cheryl & Le Poulpe** - Mano Gentil
Boucher double
38. **Instantanés de Polar** - Bertrand Delcour
Zen
39. **Le Poulpe** - Mouloud Akkouche
Causse toujours !
40. **Le Poulpe** - Serge Meynard
Lapin dixit
41. **Cheryl & Le Poulpe** - Chantal Pelletier
Lavande tuera
42. **Canaille/Revolver** - Gilles Vander
Divan terrible
43. **Le Poulpe** - Michel Cardoze
Du hachis à Parmentier
44. **Le Poulpe** - Jacques Vallet
L'amour tarde à Dijon
45. **Canaille/Revolver** - Gérard Lecas
MLF vaincra !
46. **Canaille/Revolver** - Sylvie Picard
Serial victime
47. **Instantanés de Polar** - Jean-Jacques Reboux
Fondu au noir
48. **Le Poulpe** - Gérard Lefort
Vomi soit qui malle y pense
49. **Le Poulpe** - Yannick Bourg
Les potes de la perception
50. **Cheryl & Le Poulpe** - Aïdé Caillot
Le Karma saut'ra
51. **Canaille/Revolver** - Dashiell Penac'h
Le deuil dans le miroir
52. **Canaille/Revolver** - Pierre Fossard
Je suis un assassin
53. **Instantanés de Polar** - Michel Chevron
Les Purifiants
54. **Le Poulpe** - Alain Puiseux
Je repars à Zorro
55. **Le Poulpe** - Alain Bellet
Danse avec Loulou

56. **Canaille/Revolver** - Pierre Cherruau
Nena Rastaquouère
57. **Instantanés de Polar** - Yasmina Khadra
Morituri
58. **Le Poulpe** - Cesare Battisti
J'aurai ta Pau
59. **Le Poulpe** - Lucio Mad
Dakar en barre
60. **Cheryl & Le Poulpe** - Stéphanie Benson
Crève de plaisanterie
61. **Canaille/Revolver** - Pierre Filoche
Quand on a que la mort
62. **Canaille/Revolver** - Sylvie Rouch
Zoé s'en va-t-au ciel
63. **Instantanés de Polar** - Pierre Siniac
L'affreux joujou

À PARAÎTRE

64. **Le Poulpe** - Bruce Mayence
La Belge et la bête
65. **Le Poulpe** - Hervé Mestron
Éva te faire voir !
66. **Le Poulpe** - Guillaume Darnaud
Le crépuscule des vieux
67. **Canaille/Revolver** - Patrick Raynal
Nice 42ème rue
68. **Instantanés de Polar** - Noël Simsolo
Apocalypse Nord

Cet ouvrage a été imprimé
sur presse Cameron
par ***Bussière Camedan Imprimeries***
à Saint-Amand-Montrond (Cher)
en avril 1997

– N° d'impression : 1/1170. –
Dépôt légal : avril 1997.

Imprimé en France